ForNGO 复恩法律

以法律服务公益 Law For Better Charity

公益慈善项目资助合规手册

上海复恩社会组织法律研究与服务中心　出品

陆璇　林文漪　主编

法律出版社
LAW PRESS·CHINA

北京

图书在版编目(CIP)数据

公益慈善项目资助合规手册 / 陆璇，林文漪主编
. -- 北京：法律出版社，2022
ISBN 978 - 7 - 5197 - 6235 - 3

Ⅰ. ①公… Ⅱ. ①陆… ②林… Ⅲ. ①慈善事业 - 项目管理 - 中国 - 手册 Ⅳ. ①D632.1 - 62

中国版本图书馆 CIP 数据核字(2021)第 247560 号

公益慈善项目资助合规手册
GONGYI CISHAN XIANGMU ZIZHU HEGUI SHOUCE

陆 璇 林文漪 主编

责任编辑 董 昱
装帧设计 汪奇峰

出版发行 法律出版社
编辑统筹 法规出版分社
责任校对 张红蕊
责任印制 耿润瑜
经 销 新华书店

开本 710 毫米 × 1000 毫米 1/16
印张 15.25 字数 220 千
版本 2022 年 8 月第 1 版
印次 2022 年 8 月第 1 次印刷
印刷 北京盛通印刷股份有限公司

地址：北京市丰台区莲花池西里 7 号(100073)
网址：www.lawpress.com.cn
投稿邮箱：info@lawpress.com.cn
举报盗版邮箱：jbwq@lawpress.com.cn

销售电话：010 - 83938349
客服电话：010 - 83938350
咨询电话：010 - 63939796

书号：ISBN 978 - 7 - 5197 - 6235 - 3
定价：65.00 元
凡购买本社图书，如有印装错误，我社负责退换。电话：010 - 83938349

益两 YILIGHT

ForNGO 复恩法律

以法律服务公益 Law For Better Charity

复恩法律成立于2012年，是国内首家由社会力量发起的非营利组织法研究社会智库，也是为社会组织提供专业法律能力建设的支持型平台。

复恩法律的使命是“以法律服务公益”；宗旨是促进社会组织依法合规运营，推动中国公益事业及非营利事业发展。

自成立以来，复恩法律积极参与非营利法律的立法和政策推动，合作伙伴包括联合国开发计划署、立法机关、政府部门、基金会和知名大型企业。

2020年，复恩法律获得了由上海市民政局作为指导单位的慈善奖项“公益之申”年度十佳公益机构奖。

2021年，复恩法律荣获“上海市品牌社会组织”称号。

2022年，在民政部门、各公益机构、各律所的支持下，正式推出了公益行业一站式公益百科平台“益两（Yilight）”（https://www.yilight.com.cn）。

浦东办公室：上海市浦东新区峨山路613号A楼浦东公益服务园612室
浦西办公室：上海市黄浦区普育西路105号上海公益新天地园5号楼208室
北京办公室：北京市朝阳区朝阳门外大街甲10号中认大厦3层3097室
联系电话：021-60936919（浦东）、021-60859501（浦西）
微信公众号：复恩法律
网站：www.forngo.org
官方邮箱：office@forngo.org

序　　言

党的十九届四中全会以来,“重视发挥第三次分配作用,发展慈善等社会公益事业”已成为我国推进国家治理体系和治理能力现代化的重要内容。2021 年 8 月 17 日,中央财经委员会第十次会议进一步强调:“在高质量发展中促进共同富裕,正确处理效率和公平的关系,构建初次分配、再分配、三次分配协调配套的基础性制度安排。”因此,“共同富裕”和“第三次分配”成为社会各界热议的焦点。

作为落实“第三次分配”的路径,公益慈善行业也迎来了发展的关键时期。据中国慈善联合会所发布的《2020 年度中国慈善捐赠报告》,2020 年我国共接受境内外慈善捐赠人民币 2253.13 亿元;其中,接受款物捐赠共计 2086.13 亿元,首次超过 2000 亿元。与此同时,许多大企业也承诺会捐赠可观的资金投入社会可持续发展领域。然而,与日益增加的公益捐赠热情相对的是公众对公益慈善的认知仍然主要停留于扶贫济困的层面,这与目前公益行业在环保、教育、文化等领域多元化发展的实际需要并不完全相符。为了在高质量发展中促进共同富裕,增进公众对于公益慈善的理解,普及公益慈善专业知识显得至关重要。

而对公益慈善行业的从业人员而言,如何筛选合适的受资助项目和机构,并保证项目运作全周期的合规有效,也是一道重要且不容易作答的“考题”。基金会对公益慈善项目运作过程中关键的合规要点有了更为清晰的概念,才有可能为捐赠人提供更专业的慈善服务。

为了填补公益慈善项目资助领域相关合规指导工具书的空白,帮助基金会从业人员、企业公益慈善部门人员和有意参与慈善实践的社会公众了解公益慈善项目运作的流程,为项目合规操作提供实务指导,上海复恩社会组织法律研究与服务中心编撰了《公益慈善项目资助合规手册》。本手册共十三章，以资助项目的立项、筹款、执行、结项、终止等全生命周期为线索，为读者系统性地梳理了公益慈善项目相关的法律规范、内部制度建设要求以及现在前沿的资助工具发展情况。同时，本书还结合工作实践，以场景式的语言描述，对公益慈善项目的实务运作给出了更有针对性的指导建议，并提供了可供参考使用的协议模板和项目管理工具包。相信这本手册，无论是对已经在开展资助活动的基金会和企业而言，还是对对公益有兴趣的社会公众而言，都是一本非常实用的指南。不过，毕竟这是我们的初次尝试，肯定有不少需要改进之处，也恳请各位读者海涵与批评指正，以便再版时更正。

不忘初心，方得始终。在慈善工作主管部门的指导与关怀下，复恩法律也将继续与合作伙伴们携手努力，致力于慈善行业法律基础设施建设，为中国公益慈善行业的法治化、专业化发展贡献力量。

陆　璇

二〇二二年七月

声　明

本书中的内容和意见仅供参考，不应视为专业意见或者法律服务的替代。上海复恩社会组织法律研究与服务中心和本书作者在任何情况下均不对由于使用手册造成的任何损失负责。如需就具体情况寻求建议，请咨询业务主管单位、民政部门、财政税务部门等政府部门或向律师、会计师咨询。

目　录

第一部分　了 解 概 念

第二部分　夯 实 基 础

第四部分　合规工具包

第一部分
了解概念

第一章　资　助　方

【章节概要】本章主要介绍公益产业链中处于资助方位置的两个典型法人主体，即基金会和企业。基于本书聚焦基金会资助项目的合规标准，本章主要讨论基金会（包括企业基金会）的法律特质和合规要点。

独立法人的构成要件之一是独立财产。不同于法律上的自然人，法人是法律为鼓励市场参与而赋予机构的拟制人格。具备法人资格的机构同时具备民事权利能力和民事行为能力，能够独立参与民事法律关系，签订合同、提供服务或产品。同时，为保证交易对方、服务对象的权益，法人独立参与民事法律关系的前提在于能够以其独立财产为限向其交易对方、服务对象或第三人承担民事法律责任。

《民法典》将基金会、社会服务机构（原民办非企业单位，下同）及社会团体（这三类机构统称为社会组织）归类到非营利法人。其中为公益目的以捐助财产设立的基金会、社会服务机构为捐助法人。基金会、社会服务机构等各个实体机构参与公益事业都有赖于资金的注入。在社会组织的发起阶段，发起人向社会组织以注册资金的形式作出捐赠，这是社会组织得以具备法人资格并有效运营的前提条件。随着社会组织的发展，社会组织或将慈善财产投入自身发起的项目，或向其他公益组织执行的项目作出捐赠、资助，通过慈善财产在公益领域的流动实现其公益目的。

社会组织在作为资助方对外捐赠的同时，也需要不断拓展资源和筹款，吸引其他资助方来捐助该组织的行政运营经费与项目经费。缺乏外部资助方的项目运营起来常常举步维艰。除非项目发起方本身具有足够的资金来源以至于无须任何外部资助，“资助与被资助”关系的建立往往是一个项目扬帆起航的象征。确定了资金来源,项目的推进和落实才有了切实的可能。而项目的推进乃至完成,进一步标志着社会组织向其目标乃至愿景的迈进,是社会组织践行其宗旨的具象体现。

除非项目发起方具有足够的资金储备和现金流,可以不断支持自身项目的发展,对于一般的项目而言,项目资金的落实与资助方的确定是项目开展的必要前提。实践中,除了政府购买服务、公开募捐,基金会和企业的资助是公益项目主要的资助来源。

第一节 企　业

企业参与公益项目资助等自愿性慈善实践的情况,已逐渐成为社会公众评价企业社会责任的重要维度。企业社会责任(Corporate Social Responsibility,CSR)的概念,最早缘起于20世纪初,此后在欧美和全球范围内逐步达成共识。综合联合国〔1〕和世界银行〔2〕等国际组织的概念界定,企业社会责任,主要指企业在保持经济增长、对股东和员工负责的同时,在人权、劳工标准、环境和反腐败领域履行基本责任,并为改善利害相关方(stakeholders,如员工、客户、消费者、社区、环境等)的生活质量而在可持续发展和公共福祉方面作出贡献。而根据美国学者Carroll的企业社会责任金字塔模型理论〔3〕,企业的慈善责任属于CSR的最高层次,企业自发捐赠或利用其原有业务优势主动开展的志愿服务,均为履行企业社会责任的体现。近年来,无论是国有企业和上市公司披露的社会责任报告,还是相关研究机构发布的企业社会责任报告,都用很多篇幅介绍企业基金会活动开展和各类公益项目参与情况。

为履行企业的社会责任,部分公司设立了专门的企业社会责任部门,如腾

---

〔1〕《"全球契约"十项原则》,载联合国契约组织网,http://cn. unglobalcompact. org/aboutUs. html@ tenitem,2021年2月24日访问。

〔2〕《企业责任战略计划》,载世界银行网,https://www. worldbank. org/en/about/what - we - do/crinfo,2021年2月24日访问。

〔3〕 Caroll, A. B. *The Pyramid of Corporate Social Responsibility: Toward the moral management of organizational stakeholders*. Business Horizons, 1991, 34(4):39 - 48.

讯于2010年设立了企业社会责任部，专门负责腾讯CSR战略的实施，[1]并且于2021年，对企业社会责任部进行升级，在企业发展事业群下设立可持续社会价值事业部，同时，腾讯宣布将首期投入500亿元用于可持续社会价值创新[2]；另一些公司未设专职部门履行企业社会责任，而是由公共关系部门、人力资源部门或市场部门兼管，或由高级管理层直接负责，例如欧莱雅（中国）公共关系部门就下设了专门的CSR小组来负责校园及社会公益活动；此外，也有一部分公司设立企业基金会，依托基金会平台着重开展面向社会公众的公益慈善活动。

企业对履行社会责任路径的选择，取决于多方动机和因素。一方面，社会公众对企业社会责任普遍存在期许，企业也希望通过履行CSR来提升消费者对品牌的信任度，从而获得竞争优势。[3] 以知名制药企业拜耳为例，拜耳近年来在全球范围内联合政府部门和公益机构等，资助运作了包括眼健康、女性健康在内的多种医疗公益活动[4]，据Brand Finance发布的2020年医药企业品牌实力指数排行，得益于拜耳在消费者权益和公共领域的贡献，拜耳在综合利益相关方权益等因素后位列全球制药品牌实力前三。[5] 而其他在该榜单上位居前列、有较高品牌价值的公司，在企业社会公益领域也普遍有突出表现。另一方面，对于上市公司或有发行上市计划的企业而言，有关环境保护、实验伦理等方面的社会责任已远不仅限于道义层面，而逐渐成为监管部门在注册审核、事中事后监管问询中会重点考察的因素。过往就有企业因生产经营中的动物福利问题而遭到舆论质疑和监管部门关注的先例，最终该企业上市融资进程也因此遭受负面影响。从这一角度来看，企业参与环保等企业社会责任实践，或有对冲企业经营负面舆论、满足监管要求的考量。

除前述功利性的动因之外，随着企业社会公民意识的加强，亦有企业开始自

---

〔1〕《腾讯企业社会责任战略》，载腾讯公益微博，https://gongyi.qq.com/a/20150517/009644.htm。

〔2〕《腾讯发布新蓝图，"可持续社会价值创新"成为核心战略　首期投入500亿元助力中国发展新格局》，载中国政务网，http://zw.china.com.cn/2021－04/19/content_77418784.html。

〔3〕贾兴平、刘益：《外部环境、内部资源与企业社会责任》，载《南开管理评论》2014年第6期。

〔4〕《企业社会责任概况》，载拜耳中国网，https://www.bayer.com.cn/index.php/SheHuiZeRen/index，2021年3月14日访问。

〔5〕《2020全球最有价值制药品牌TOP25》，载新浪医药新闻，https://med.sina.com/article_detail_100_1_85381.html，2021年2月24日访问。

发地关注不特定社会公众利益，例如社区公共关系、扶贫、环境等问题，并通过专门设立基金会或专项基金，以集中资源对外输出的方式践行企业社会责任。以阿里巴巴为例，阿里巴巴集团《2019—2020 年社会责任报告》[1]显示，阿里巴巴在新冠肺炎疫情、脱贫等社会问题上投入大量财力和资源，具体包括[2]：(1)教育支持，阿里巴巴依托马云公益基金会、蔡崇信公益基金会，并整合蚂蚁金服、大文娱、钉钉、淘宝大学等资源，开展乡村教育计划及职业教育计划，为贫困地区的教育发展及人才培养提供立体化支持；(2)脱贫问题，阿里巴巴自 2017 年成立脱贫基金，开始探索“互联网 + 脱贫”路径；(3)物资驰援，马云公益基金会和阿里巴巴公益基金会通过搭建全球新冠肺炎实战共享平台(Global MediXchange for Combating COVID - 19，GMCC)，在阿里云智能、阿里健康的共同支持下，为世界各地的一线医生和护士提供抗疫实战经验和在线交流协作平台及抗疫最前线医生的新冠防治咨询，并为医疗科研机构提供 AI(人工智能)大数据和云计算的能力支撑；(4)环境保护，阿里巴巴公益基金会与民生人寿保险公益基金会共同发起“千岛湖水基金”，探索建立“水源地保护 + 自然教育基地 + 带动当地经济可持续化发展”的保护模式。

在我国当前的法律环境下，基金会等慈善组织在资金募集、资助项目选择、财务处理上受到其慈善属性、登记业务范围和其他法定特别要求的严格限制。相较而言，企业作为公益项目资助方在资助领域上未受到过多限制，主要有以下资助方式：

方式一：直接捐赠。企业可以选择传统的直接捐赠，即挑选自己希望捐赠的公益慈善领域以及值得信赖的公益慈善组织进行捐款捐物。

方式二：专项基金。对于一些希望对公益慈善项目有一定程度的参与，但又想避免较高的项目运营和行政成本的，企业可以与基金会合作设立专项基金。通过冠名专项基金的运作，包括以基金会专项基金的名义对外进行募捐、管理捐赠、开展公益慈善活动、资助其他公益慈善活动，同样可以构建企业的爱

---

[1] 《阿里巴巴集团社会责任报告》，载阿里巴巴公益基金会网，http://www.alijijinhui.org/Uploads/file/20200716/5f10328ba887b.pdf。

[2] 《社会责任报告》，载阿里巴巴公益基金会网，http://www.alijijinhui.org/category/104，2021 年 3 月 14 日访问。

心品牌，践行企业社会责任。上海宋庆龄基金会玫琳凯感恩专项基金就是一个成立多年的，由企业发起的专项基金的例子。

方式三：设立企业基金会。对于一些理念推动型的企业，他们希望在服务和产品之外，将自己的企业文化和公益理念更长久地传承，设立企业基金会，组建独立的基金会运作团队可能是他们的选择。例如，如新（NUSKIN）1998年在美国成立的如新善的力量基金会。如新2018年也在中国设立了上海如新公益基金会。

方式四：股权捐赠。随着《关于公益股权捐赠企业所得税政策问题的通知》等“零税负”政策的施行，部分企业也开始尝试股权捐赠模式，使受助方得以将捐赠股权的收益持续地用作慈善支出。

本手册主要关注基金会（包括企业基金会及基金会下设专项基金）作为资助方所需遵守的各项合规规范，下文中的“资助方”主要指代由企业等营利法人、非营利法人或自然人等发起设立的基金会。基金会因其慈善属性和本身的法人性质（本章第二节将详细介绍），其合规要求与企业有所不同，因此，本手册中提出的基金会合规要求与建议仅供企业在开展公益项目资助时参考。

第二节 基 金 会

一、基金会的性质

基金会的概念最早可追溯至罗马法时代，其最初指一种建立在信义基础上的财产制度，既可能服务于公益或慈善目的，也可以保护私人财产。《民法典》中规定基金会是为公益目的以捐助资产设立的捐助法人，是非营利法人的一种。现行有效的《基金会管理条例》中也明确，基金会的设立必须出于公益目的。根据我国对基金会的法律定义，基金会应当具有如下三个特性：利用自然人、法人或其他组织捐助的财产设立；以公益事业为目的；非营利法人。上述三个特性可以概括为基金会的独立性、公益慈善属性和非营利性。

1. 基金会的独立性

与独立参与市场活动的机构一样，基金会首先是拥有独立财产的独立法人。不同于其他机构，尤其是公司法人，基金会的独立财产来源必须是通过自然人、法人或其他组织的捐赠[1]。

根据《慈善法》[2]和《公益事业捐赠法》的规定，捐赠必须自愿且无偿。捐赠发起基金会也不例外。换而言之，发起基金会的自然人、法人或其他组织应当自愿捐赠发起基金会；同时，发起人设立基金会，不应当以其出资金额为凭要求基于其投入财产获得收益。这与基金会的非营利性法人属性也同样契合，基金会的非营利性要求基金会不得向其工作人员、理事、发起人进行分红。

基金会不得有向其发起人分红或回报发起人的要求，也使得基金会相对于公司法人或其他营利性法人具有更强的独立性。根据《公司法》及相关司法解释的规定，公司法人设立后，公司发起人成为公司股东，享受并承担股东的权利义务，决定公司的经营方针、投资决策及高级管理人员的任职，对公司的运营、发展施以直接的影响力。然而，基金会发起人向基金会做出发起资金的捐赠后，捐赠财产即成为基金会财产，基于捐赠的无偿性，基金会对其发起人没有与捐赠随附的义务，发起人对基金会亦无与捐赠随附的权利。而从决策机构设置上看，目前亦无法定要求强制发起人自动成为基金会理事会成员来参与基金会运作决策[3]。因此，不同于公司发起人对公司的紧密控股关系，基金会发起人对于基金会的运营发展缺乏实质干预的法律基础。

尽管如此，值得一提的是，中共中央办公厅、国务院办公厅于 2016 年 8 月 21 日发布的《关于改革社会组织管理制度促进社会组织健康有序发展的意见》（“46 号文”）。在 46 号文中，要求强化社会组织发起人的责任。由国务院法制办会同民政部推动将社会组织发起人的资格、人数、行为、责任等事项纳入有关行政法规予以规范。同时强调发起人应当对社会组织登记材料的合法性、真实性、准确性、有效性、完整性负责，对社会组织登记之前的活动负责，主要发起人应当担任首届负责人。故而在实践中，发起人往往被要求担任首届理事会的理

---

〔1〕《基金会管理条例》第二条。

〔2〕《慈善法》第三十四条。

〔3〕尽管没有法律要求发起人为基金会理事，但依据民政部发布的基金会章程示范文本，基金会的第一届理事由主要捐赠人、发起人、业务主管单位分别提名候选人，协商后选举确定。在实践中，有些地方的登记机关会要求发起人（特别是机构发起人）应当有第一届理事会的理事席位。

事长、副理事长或秘书长。

2. 基金会的公益慈善属性

“公益”在经济学和社会学上分别有不同的内涵指向，经济学上的“公益”强调受益者的不特定多数，社会学上的“公益”则强调利他性〔1〕。综合来看，公益需要面向“不特定公众”并使之受益。而公益与慈善的区别在于，公益从长远角度关注问题的解决和未来的发展，而慈善关注于解决当下的困境。

《慈善法》的颁布对于基金会的公益、慈善属性提出了更高的要求。《慈善法》并未明确区分“公益”和“慈善”，而是强调基金会作为“慈善组织”应当开展“慈善活动”，而“慈善活动”的定义中已包含了“公益活动”。根据《慈善法》第三条的规定，“慈善活动”具体指下列自然人、法人和其他组织以捐赠财产或提供服务方式开展的公益活动：

(1)扶贫、济困；

(2)扶老、救孤、恤病、助残、优抚；

(3)救助自然灾害、事故灾难和公共卫生事件等突发事件造成的损害；

(4)促进教育、科学、文化、卫生、体育等事业的发展；

(5)防治污染和其他公害，保护和改善生态环境；

(6)符合本法规定的其他公益活动。

其中，前五项采用的是列举说明方法，第六项是托底总述，是对公益、慈善活动具有概括性的描述。根据前述法律、法规的规定，“慈善”“公益”的概念外延较大，且因社会的发展不断变化，只要能够促进社会的进步、发展，促进公共利益和公共福祉的完善，均可以被认为是公益、慈善活动。

3. 基金会的非营利性

基金会的公益性和独立性中都提及了基金会的非营利性。基金会的“非营利性”应当与公众理解的“非营利性”有所区分。

基金会的非营利性要求并不限制基金会通过自身运营或者从事经营性活动、提供服务获得报酬，而是要求基金会不得将前述报酬向个人或企业进行分配。对基金会提出非营利性要求，其目的在于保障基金会使用财产的公益性，

〔1〕参见王名：《社会组织论纲》，社会科学文献出版社2013年版。

从而防止基金会成为个人谋利的工具。

基金会的非营利性以保障基金会使用财产的公益性为基础,从法律层面上讲,基金会的非营利性主要表现在以下三个方面:(1)除了必要的薪酬支出之外,基金会运营过程中所获得的孳息、收益,不得在其理事会、发起人或工作人员之间进行分配;(2)基金会必须秉承"非谋利控制"的理念,在运营决策过程中规避任何为追求高回报而采取的高风险行为,避免采用以利润、收益为激励手段的管理方式,例如股权激励等;(3)基金会存续期间,基金会不得以合并、分立等方式改变基金会的财产结构,当基金会注销时,剩余财产不得以任何形式返还或流转给其他法人、自然人或其他组织,而是应当根据其公益目的转给其他非营利法人,继续用于宗旨相同或相近的公益事业。[1]

二、基金会的类型

1. 基于《基金会管理条例》的分类

我国2004年颁布的《基金会管理条例》根据是否具有面向不特定公众募集资金资质的标准,将基金会分为公募基金会和非公募基金会。公募基金会可以通过义演、义拍、义卖、网络筹款等方式向不特定对象发起募捐,或者向不特定对象劝捐;非公募基金会则主要依靠资金保值增值,或接受发起人等特定个人、法人、其他组织的捐赠筹集资金。非公募基金会可以与公募基金会合作,通过建立专项基金、捐赠人建议基金或签署合作协议等方式开展公开募捐。本书第二章"资助方式"中对专项基金、捐赠人建议基金等将作出详细介绍,此处不再赘述。

值得注意的是,在2016年《慈善法》正式施行后,公开募捐权不再为公募基金会专有。慈善组织如符合《慈善组织公开募捐管理办法》规定的特定条件,均可申请公开募捐资格。尽管现行有效的《基金会管理条例》尚未对基金会分类进行更改,仍然将基金会分为"非公募基金会"和"公募基金会";但是《慈善法》作为位阶更高的法律,效力等级更高。公开募捐活动的开展与管理应当适用《慈善法》的新规定。《慈善法》施行后新注册成立的基金会需要在满足一定条

---

〔1〕《民法典》第九十五条。

件之后，另行申请方可获得公开募捐资格。公募与非公募事实上已不再是基金会的法定分类标准。

2. 基于基金会资金使用方式的分类

根据基金会的运作方式，或者说资金使用方式，基金会可以分为资助型基金会、运作型基金会和混合型基金会三类。

（1）资助型基金会。资助型基金会参考其宗旨愿景，在其业务范围内资助其他社会组织发起的项目或作为资助平台，接受社会的捐赠，然后按照捐赠人的意愿进行后续资助。资助型基金会通过为其他社会组织提供项目资金并监督项目的开展来实现基金会的使命与愿景。这类基金会在整体公益产业链中，承担资源集中与分配的功能。随着公益行业的发展，资金的聚集使得许多新晋基金会选择成为资助型基金会，通过“花钱”的方式促进公益事业的发展。其中，具有稳定、大量资金，谙熟保值增值操作的企业/企业家基金会占据半壁江山，包括阿里巴巴公益基金会、福建省正荣公益基金会、北京市企业家环保基金会等。

（2）运作型基金会。运作型基金会通常选择在其业务范围内根据宗旨、愿景、目标发起项目，使用其募集的资金自行运营，以逐步靠近目标，实现愿景。20 世纪 90 年代初，我国较早发起设立的一批基金会大多是运作型基金会，以执行自行发起的项目为主要运营模式。例如开展“希望工程”的中国青少年发展基金会，发起“母亲水窖”计划的中国妇女发展基金会等以及以发展素质教育，促进教育均衡为目标的上海真爱梦想公益基金会。

（3）混合型基金会。混合型基金会在资金使用方式上结合了资助型基金会和运作型基金会，在资助其他社会组织开展公益项目的同时，也直接参与部分公益项目的执行运作。这种模式也是目前国内基金会较为主流的发展模式。

3. 基金会根据其发起人和捐赠来源的不同，进一步分为社区基金会、企业基金会、高校教育基金会、家族基金会等

（1）社区基金会。社区基金会是一种汇集社区资金、以解决社区问题为导向、由社区居民和企业共同参与的基金会类型。该种基金会模式最早起源于 1914 年的美国。近年来，我国各地社区基金会的数量也显著增加。深圳、南京、上海针对社区基金会分别出台了相关的地方性政策规范文件。2014 年 3 月，深

圳通过《深圳市社区基金会培育发展工作暂行办法》;2015 年,上海市民政局和上海市社会团体管理局印发了《上海社区基金会建设指引(试行)》;2015 年,南京市民政局出台了《关于推动南京市社区型基金(会)发展的实施方案(试行)》文件。当前,国内的社区基金会多数仍由政府推动成立,带有较强烈的行政色彩。

(2)企业基金会。企业基金会由企业出资设立,具有独立于发起人企业的法人资格。企业基金会不仅设立财产来源于企业出资,其在员工、专有技术、业务平台上亦依赖于发起企业的支持。实践中,发起企业的高管通常会在企业基金会中担任理事会成员,企业基金会的运作也可能会被纳入企业整体品牌推广、公共关系、企业社会责任的战略目标中。

(3)高校教育基金会。高校教育基金会已成为我国大学治理体系中的重要配置。高校教育基金会的成立,可以解决高校外来教育捐赠接收渠道和社会捐赠资金免税的问题。而中央及地方财政对高校接受捐赠收入配比奖励的政策,也对高校教育基金会的成立和发展起到显著推动作用。除基金会一般应当遵守的法律法规之外,2014 年,教育部、财政部、民政部还针对高校教育基金会联合出台了《关于加强中央部门所属高校教育基金会财务管理的若干意见》(教财〔2014〕3 号),明确其在治理结构、财务管理上应当遵循的特别规范。

(4)家族基金会。家族基金会并非正式的法律概念。根据美国基金会理事会(Council on Foundation)给出的定义,家族基金会一般由单个家族中的成员出资设立。家族基金会理事会或高级管理层中通常包含至少一位家族成员。出资家族通常对基金会的设立运作有重要影响,也因此,家族基金会通常具有“私人化”特性。然而,在我国基金会法律规范体系下,基金会必须确保公益基本属性,其财产均属于社会公益财产而不能归属于任何个人和家族。这就要求在我国境内设立的家族基金会,必须在治理结构和内部制度上进行合理设计,限制家族成员对基金会运作、财产拨付使用的独断性影响。如根据《基金会管理条例》第二十条的规定,用私人财产设立的非公募基金会,相互间有近亲属关系的基金会理事,总数不得超过理事总人数的 1/3。而在满足上述强制性人员要求的基础上,出资设立基金会的家族,其后代成员仍会持续性地参与家族基金会的运作和管理,以实现慈善精神的传承。

三、基金会的运作

1. 基金会的基本结构

每一个基金会都需要决策机构、监督机构和管理机构，这不仅是法律的规定，也是基金会正常运作的要求。

基金会的决策机构是理事会，也就是基金会的"大脑"，负责决定基金会的重要事项。理事会由5名至25名理事会成员组成[1]。为了理事会作出更科学、专业的决策，有时会在理事会下设立管理委员会或投资委员会等专业委员会。但专业委员会是顾问角色并非决策者，是以其专业知识或技能辅助理事会作出决策的顾问机构。

基金会的内设监督机构是监事或者监事会。监督机构负责监督基金会的运作合规性，依照章程规定的程序检查基金会的财务和会计资料，监督理事会遵守法律和章程的情况。

基金会的管理机构是秘书长或者秘书处，也就是基金会的"双手"。其中秘书长由理事会选举，从理事中选举产生，秘书处则根据实际运营需要由秘书长组建。管理机构负责实施、执行理事会的各项决议，制定发展规划并整体管理基金会的执行团队，包括基金会办公室、项目部门、财务部门等（见图1）。

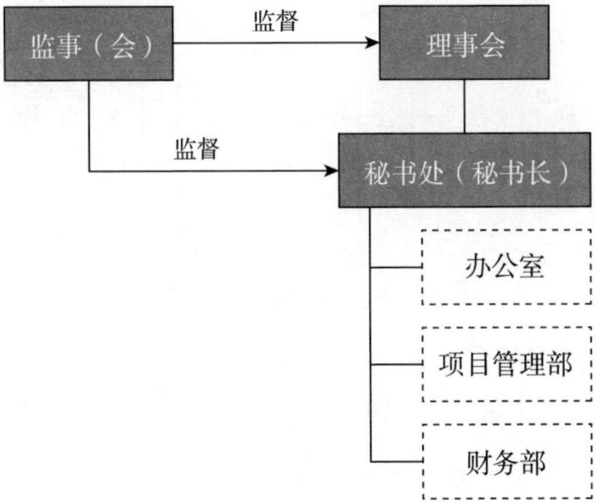

图1　基金会极简架构图

〔1〕有些地方登记机关要求理事会人数为奇数。

2. 典型基金会结构分析

爱佑慈善基金会(以下简称爱佑基金会)是一个资助和运作相结合的混合型基金会。图 2 是爱佑基金会在其官方网站公开的基金会架构图,可以看出爱佑基金会架构清晰,具备必要的决策、监督和管理机构。秘书处的管理下有九个执行和管理团队,包括筹款合作、品牌运营、财务、人力资源等。其中,信息技术、财务、人力资源、品牌运营是机构的“内勤”,负责机构的日常运作和内部管理;筹款合作部门负责基金会的资金来源;公益创投、社会企业是比较典型的“花钱”部门,负责基金会的商业合作和部分对外资助;医疗救助部门和孤儿救助部门主要运营基金会自行发起的项目,也兼顾对外项目资助的审核、评估和管理。

从领导结构上看,爱佑基金会采用的是各个职能团队直接汇报秘书处的扁平化管理。这样的好处是,中间的汇报流程非常简单,在授权充分的情况下,各个职能团队都可以高效地运作。但在这样的结构设计下,秘书处不但要进行自运营项目的决策,还要对资助、募款、品牌和其他行政事务事无巨细地包揽,对秘书处的专业程度要求非常高。

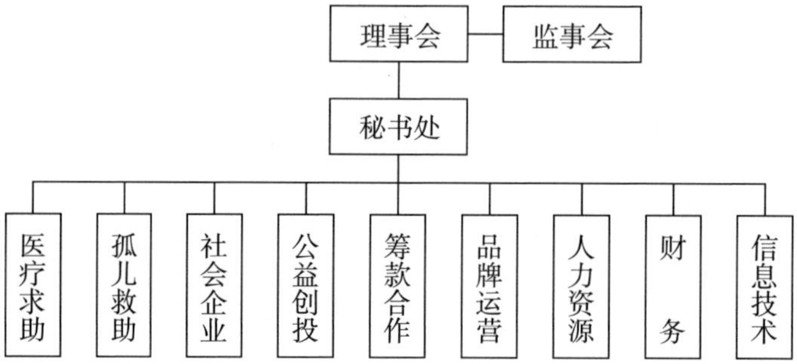

图 2　爱佑基金会组织架构图

南都公益基金会作为资助型基金会,在公益行业生态链中扮演资源和资金提供者的“种子基金”角色。可以看到,与爱佑基金会的不同之处在于,南都将一部分的专业决策职能从秘书处分解到了 3 个由理事会直接监督管理的小组。这样的设计,一方面增加了执行层面的专业性,另一方面分解了秘书处的职能,可使行政管理类的工作更为有效地开展。

为秉承资助型基金会的专业性，慎重选择项目进行资助，南都公益基金会除了必须设立的决策、监督和管理机构外，还设有战略规划小组和专门的项目部。根据南都公益基金会制定的《南都公益基金会项目管理制度》，南都公益基金会的秘书处对项目管理全权负责，项目部进行内部分工，在分工明确的基础上管理项目。

对资助型项目和自主运营项目，南都公益基金会有不同的安排。对于资助型项目，南都公益基金会安排项目部与项目发起人沟通，要求项目发起人提供完整的项目建议书。建议书经项目部或项目部组建的专家委员会评估通过后，制定项目立项报告；对于自主运营项目，由项目部指定项目计划书和项目实施办法，秘书处批准通过后即可开展（见图3）。

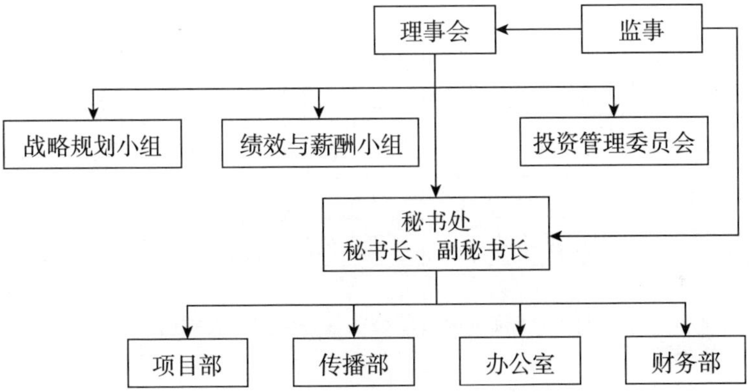

图3　南都公益基金会组织架构图

上海真爱梦想公益基金会作为比较典型的运作型基金会，通过支持和开展相关的教师培训、“梦想中心”等项目发展素养教育，促进教育均衡。从图4的架构图可以看出上海真爱梦想公益基金会设立了许多个专家委员会，事项涉及基金会发展、课程评审、投资管理、合规审计等。同时，秘书处下设11个部门，包括项目、办公室、人力资源、信息技术等。上海真爱梦想基金会的专业委员会团队更为细化，同时专业团队直接向理事会负责，可以确保理事会决策的专业性。从结构上来看，专业团队并不与秘书处发生直接的联系，他们的专业决定会通过理事会作用到秘书处，从而影响基金会各个执行环节的管理。

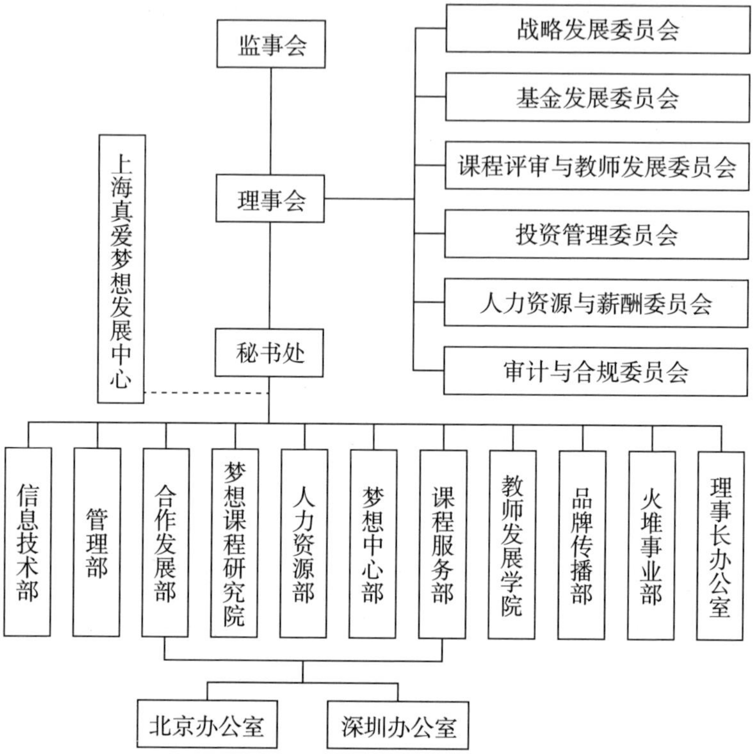

图4　上海真爱梦想公益基金会组织架构图

第二章　资 助 方 式

【章节概要】本章主要介绍资助方在资助项目过程中主要使用的资助方式，包括但不限于直接捐赠、公益创投、公益项目招投标等。

资助方常用的资助方式包括直接资助和间接资助（见图5）。直接资助包括：针对项目执行机构的直接捐赠和针对项目执行机构发起项目的资助（包括通过项目资助或公益创投的方式）。间接资助方式包括设立专项基金、捐赠人建议基金（DAF）和慈善信托。其中较为常用的间接资助方式是设立专项基金，捐赠人建议基金和慈善信托的使用尚在探索之中。

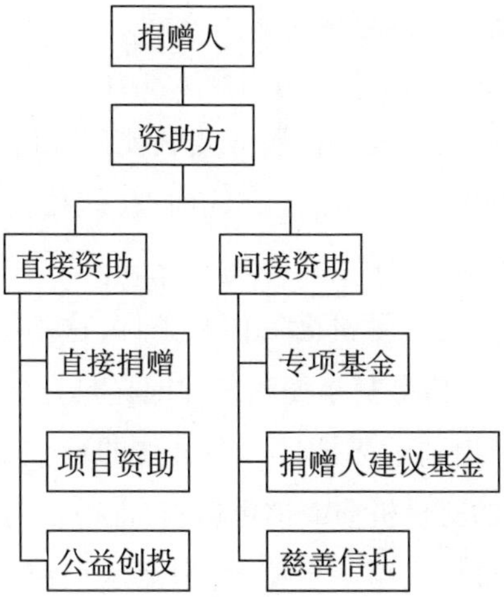

图5　资助方式列表

第一节　直 接 资 助

一、捐赠

慈善捐赠是指自然人、法人和非法人组织基于慈善目的，自愿、无偿赠与财产的活动。[1]

首先，捐赠具有自愿性，是捐赠人自愿、自主做出的行为，而非在他人、单位的强迫下或道德舆论的压迫下做出。2004 年印尼海啸事件、2008 年汶川地震后，不少人遭遇过“被捐款”这一情况。2016 年出台的《慈善法》明确禁止向单位或者个人摊派或者变相摊派捐赠，否则由民政部门予以警告；对违法募捐的财产，民政部门将责令退还捐赠人。此外，组织摊派或变相摊派的组织和个人还可能面临处 1 万元以上 10 万元以下罚款。

其次，捐赠具有无偿性。作为一种民事赠与行为，捐赠应当是无偿的。是否遵守了捐赠的无偿性不仅仅取决于受赠人是否对捐赠人进行了金钱反馈，还应当关注受赠人是否在接受捐赠后向捐赠人给予无形财产，例如商标权、著作权的使用权，抑或无偿向捐赠人提供服务或其他回报（例如增加交易机会）等。人们一般都知道不能直接给予捐赠人金钱回馈，但在实践中，对于能否向捐赠人无偿提供服务或无形财产，则会有不同看法，一些受赠人认为可以向捐赠人无偿提供服务、无形资产或交易机会等便利条件，这不属于违反了捐赠的无偿性。但事实上，无形财产、服务甚至便利条件同样具有价值，在接受捐赠人的捐赠后无偿回馈也破坏了捐赠的无偿性。在过往的行政处罚案例中与捐赠物品相关的捆绑销售、额外的交易机会或销售返利，也被认为破坏了捐赠的无偿性。例如，捐赠人向某慈善机构捐赠一台机器，但要求该慈善机构必须在捐赠人处购买后续源源不断的耗材。根据《公益事业捐赠法》的规定，不得以捐赠为名从事营利活动。故而此类捐赠是存在合规问题的。

最后，《慈善法》《公益事业捐赠法》均要求捐赠具有公益性。根据《慈善

---

〔1〕《慈善法》第三十四条。

法》的规定，慈善捐赠须基于慈善目的，即须基于开展慈善活动[1]的需求进行捐赠，受益人应当为不特定多数人，不得指定利害关系人或特定人为受益人。另外《公益事业捐赠法》明确规定捐赠的财产须用于公益事业，即非营利的活动，主要包括：(1)救助灾害、救济贫困、扶助残疾人等困难的社会群体和个人的活动；(2)教育、科学、文化、卫生、体育事业；(3)环境保护、社会公共设施建设；(4)促进社会发展和进步的其他社会公共和福利事业。[2]

二、项目资助

项目资助是指资助方就某一特定项目对项目发起方进行捐赠，通过经济上的支持帮助受资助人完成项目。项目资助的受益人可能是受资助人，也可能是受资助人开展的公益项目的受益人。

依据《基金会管理条例》，基金会开展公益资助项目，应当向社会公布所开展的公益资助项目种类以及申请、评审程序。故而许多基金会除了直接捐赠的项目之外，往往采用招投标的方式对外公布公益资助项目的内容（包括资助项目的范畴、资助项目的申请条件和审批流程等）。例如億方公益基金会对外公示的项目资助申请指引[3]，详细地罗列了億方公益基金会的资助范围、资助对象及条件、评审标准与流程以及相关的申请材料。

实践中，许多人认为项目资助等同于限定性捐赠。事实上，根据捐赠人的需求以及受赠人所面临的合规要求，限定性捐赠与项目资助有诸多不同之处。

---

〔1〕《慈善法》第三条："本法所称慈善活动，是指自然人、法人和其他组织以捐赠财产或者提供服务等方式，自愿开展的下列公益活动：（一）扶贫、济困；（二）扶老、救孤、恤病、助残、优抚；（三）救助自然灾害、事故灾难和公共卫生事件等突发事件造成的损害；（四）促进教育、科学、文化、卫生、体育等事业的发展；（五）防治污染和其他公害，保护和改善生态环境；（六）符合本法规定的其他公益活动。"

〔2〕《公益事业捐赠法》第三条。

〔3〕億方公益基金会：《项目资助申请指引》，载 http://www.yifangfoundation.org/download/%E5%84%84%E6%96%B9%E5%9F%BA%E9%87%91%E4%BC%9A%E5%85%AC%E7%9B%8A%E7%A0%94%E7%A9%B6%20%E7%A4%BE%E4%BC%9A%E4%BC%81%E4%B8%9A%E9%A1%B9%E7%9B%AE%E7%94%B3%E8%AF%B7%E6%8C%87%E5%BC%952015.docx，2021 年 4 月 4 日访问。

1. 前置条件不同

一般而言，双方签署限定性捐赠的，捐赠人对于捐赠款项用于受赠人的哪一具体项目不作要求，只规定捐赠款项的使用方向，明确捐赠款项应当用于哪一公益领域。

但若明确为项目资助，受赠人一般为项目发起方，已经发起或已经具备发起该项目的能力，但缺乏相应资金，因而寻求资助。捐赠人基于对受赠人所发起项目的认可以及对受赠人的信任而进行捐赠。

2. 资金使用不同

在限定性捐赠中，只要不超越限定性捐赠所规定的范围，将捐赠款使用在与捐赠人所要求的领域内的任何项目中都是可以的。

但在项目资助中，捐赠款项必须用于特定项目。除非经捐赠人同意，否则，也不得用于同类项目。

3. 权利义务规范不同

一般而言，在限定性捐赠协议中，协议更为强调捐赠人的监督权利而非受赠人的汇报义务。协议中，捐赠人行使监督权是主动的，受赠人汇报捐赠款项的使用方向和内容是被动的。如果捐赠人不主动行使监督权，受赠人无须主动针对捐赠人单独履行汇报义务。而在项目资助协议中，由于款项的捐赠是以项目的运营为前提的，因此，受赠人或项目发起人的义务多是需其主动履行的义务。例如，项目运营、项目评估、提交中期报告、结项报告、定期向捐赠人汇报资助款项使用情况等。

在发起人已经发起或者已经具备发起项目的条件时，捐赠人可以选择签署限定性捐赠协议，说明捐赠款项的使用范围仅限于该等项目，也可以签署项目资助协议。但基于项目资助协议与非限定性捐赠协议的权利义务安排有所不同，限定性捐赠对受赠人的财务记账、审计、项目评估要求普遍低于项目资助，限定性捐赠中受赠人的违约责任也低于项目资助协议中的项目执行方。因此，若确定了资助项目，资助人与项目发起方以签署项目资助协议为宜。

4. 公益创投

公益创投是一个外来的概念。公益创投（Venture Philanthropy）诞生于20

世纪 60 年代末的美国,是为了弥补传统慈善行为之不足。[1] 公益创投有几个特征,包括提供资金、管理技术、以培育机构可独立发展为目标。从笔者的经验来看,中国的公益创投,比较常见的有两种:一是政府服务购买导向,二是基金会资助导向。在公益创投中,资金投入是一个必要项,一些运作得比较好的公益创投也会在项目中增加管理技术赋能的环节。公益创投的最后一个特征"以培育机构可独立发展为目标"往往需要更长时间的陪伴。但由于政府购买服务的短期性以及资助型基金会自身的评估要求,绝大多数中国的公益创投都要求在一个年度中达成显著的指标,导致无法给予机构与项目长期发展和尝试创新的机会。

"资助 + 赋能陪伴 + 帮助受资助方独立发展"的模式而不是单一项目资助模式是公益创投区别于普通公益项目资助的价值所在。例如,爱佑慈善基金会发起的爱佑公益创投项目,提供定制化资金、资源拓展、战略指导、管理(人力资源、财务、IT)辅导、品牌活动等多方面长年的支持,帮助伙伴建立更有效的组织,产生更为深远的社会影响。本书的作者复恩法律在 2015—2017 年,便受益于爱佑慈善基金会的创投项目,在短短的三年间得到了全方位飞速的发展。

目前业内真正意义上的公益创投并不多,在实践中仍然受限于资助人对项目成果在短时间内的可视化要求,以及资助人难以持续投入赋能资源的情况,但从受益于公益创投的机构以及域外的实践来说,这种长期的、全方面的"资助 + 赋能模式",是值得进一步探讨和鼓励发展的。

第二节 间接资助

一、捐赠人建议基金(DAF)

捐赠人建议基金起源于美国,是一种慈善捐赠工具,帮助捐赠人开设专属账户、享受税收优惠、让捐赠人在善款使用和投资方面长期享有建议权的基金

---

〔1〕 Jacques Defourny, Marthe Nyssens & Severine Thys., *Beyond Philanthropy: When Philanthropy Becomes Social Entrepreneurship*, 6*th Conference of the European Research Network on Philanthropy*, Defourny, Jacques & Nyssens, Marthe, Thys Severine, Xhauflair, Virginie, 2013, p. 5.

(见图6)。捐赠人建议基金的运作过程主要包含以下三个环节:

(1)捐赠人在基金会等公益慈善机构处开设一个DAF账户,并将现金、股票、不动产等资产捐至该账户;

(2)在账户中的资产被捐出前,捐赠人可以根据自己的风险偏好及投资倾向选择不同的投资产品,DAF管理方将根据捐赠人的建议对资产进行配置,以实现资产的保值增值;

(3)捐赠人可以按照自己的偏好,随时选择将账户中的资产捐赠给合格的公益慈善机构。

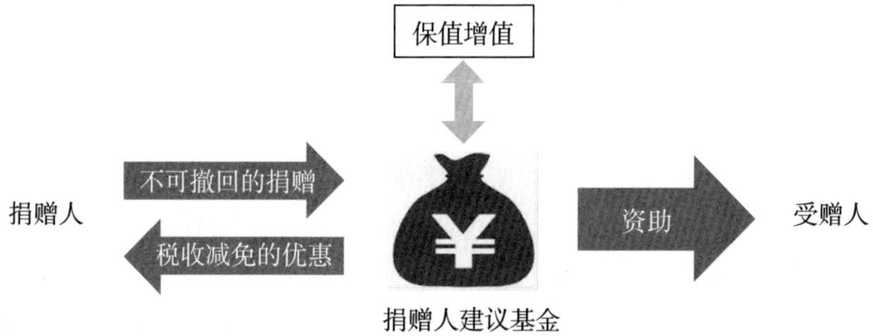

图6　捐赠人建议基金示例

捐赠人建议基金具有如下特点:

(1)准入门槛和管理费用较低。例如在Fidelity Charitable,个人最低5000美元、公司最低25,000美元即可设立一个DAF账户且没有最低余额的要求,且管理费用基于账户余额进行计算,余额越高,费率越低,最高费率仅为0.6%,因此DAF已经成为美国个人公益捐赠的重要工具。

(2)捐赠方式简单、灵活、高效。很多DAF管理方提供网上服务,捐赠人随时随地可以开设DAF账户,向自己关注的公益项目进行捐赠。同时管理方还提供其他专业服务,以帮助捐赠人更好地实现其慈善目标,并节省时间及成本,例如有金融背景的DAF管理方会提供多样化的投资产品供捐赠人选择。

2017年,捐赠人建议基金首次引入中国[1],此后包括上海联劝公益基金

〔1〕 Patti Chu、王宇童:《中国慈善行业调研报告——对行业资助机构的观察》,AVPN 2018年11月出版。

会、深圳市慈善会、上海市慈善基金会在内的多家公益机构均有尝试推出 DAF 账户。除扶贫助困等传统公益领域之外,国内亦有学者建议可将 DAF 模式应用至盈利前景和周期无法预估、单纯商业模式明显缺乏投资动力的罕见病新药研发和养老照护等领域。[1] 目前,我国多数基金会仍以传统专项基金的模式管理运作 DAF 账户,但 DAF 捐赠者相比专项基金捐赠人,拥有对资金使用更强的建议权,捐赠人可以推荐其意向的公益组织申请获得其专属 DAF 账户资金的资助。因此,相比在资金募集或资助模式上的创新,DAF 可能在尊重捐赠人意愿和公益项目反馈透明度的提升上,有更大的开创性意义。

二、慈善信托

慈善信托是与私益信托相对应的,基于慈善目的,为不特定多数受益人而设立的一种信托。[2] 根据《慈善法》第四十四条的规定,慈善信托属于公益信托,是指委托人基于慈善目的,依法将其财产委托给受托人,由受托人按照委托人意愿以受托人名义进行管理和处分,开展慈善活动的行为。[3] 一般的组成形式如图 7 所示。

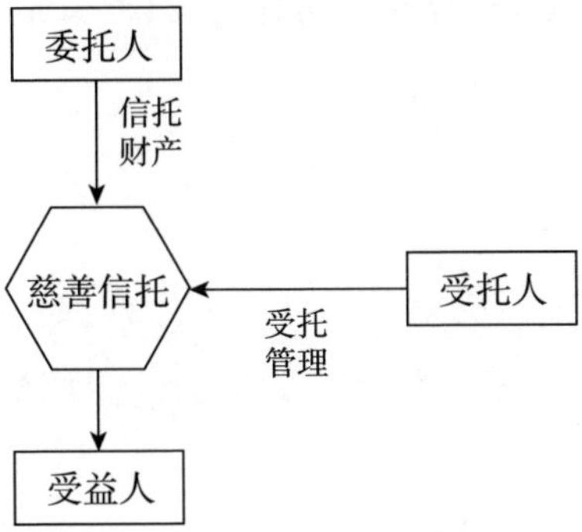

图 7 慈善信托示例

---

〔1〕 王进:《捐赠者建议基金,新药研发新通路》,载 https://mp. weixin. qq. com/s/IiOWrusL047 - ytjCG_2_FQ,2021 年 2 月 24 日访问。

〔2〕《中国慈善法手册》第九章 1. 1,载 https://www. undp. org/content/dam/china/docs/Publications/UNDP - CH - 中国慈善法手册 - 中文版终版 0801. pdf。

〔3〕《慈善法》第四十四条。

自然人、法人、慈善组织或政府部门都可以作为慈善信托的委托人，受托人可以由慈善组织或者信托公司担任，但根据中国慈善联合会发布的《2018 年中国慈善信托发展报告》显示，2018 年新设立的慈善信托中，逾 80% 选择信托公司作为受托人，10% 选择信托公司与基金会作为共同受托人，只有 7% 由基金会作为单独受托人。[1] 可见，实践中多数慈善信托偏向选择由信托公司担任受托人。慈善信托的当事人主要是委托人、受托人及受益人，但同时还可引入监察人、项目执行人、投资管理人等参与方，以更好地实现慈善信托的设立目的。慈善信托作为一种特殊的信托，其主要特征有：(1) 基于慈善目的而设立。《慈善法》第四十四条明确指出了慈善信托这一特征，同时《慈善信托管理办法》第七条也规定，以开展慈善活动为目的而设立的信托，属于慈善信托。[2] 基于慈善目的而设立是慈善信托区别于私益信托的最重要的特征。(2) 受益人是不特定的。慈善信托在设立时，仅对受益人的范围和资格条件进行约定，受益人是不特定的，由慈善信托受托人确定最终的受益人。

现如今，我国慈善信托规范体系已基本建立。《慈善法》第五章明确了慈善信托的定义、设立程序及受托人的义务，《关于做好慈善信托备案有关工作的通知》及《慈善信托管理办法》则对慈善信托的设立、备案及管理监督等作出进一步的规定。

三、专项基金

专项基金，是指基金会、公益性的社会团体根据发起人意愿在本组织设立的、实行专款专用并专门为某一特定公益事业的专用资金池，是慈善财产的集合。

专项基金一般由基金会托管，“基金会—专项基金”结构是最常见的形式。专项基金不具备独立的法人资格，其性质上属于基金会的分支机构，因此基金会对下设专项基金的所有活动承担主体责任，专项基金不得以独立组织的名义

---

〔1〕《〈2018 年慈善信托发展报告〉发布》，载 http://www.xinhuanet.com//gongyi/2019-03/15/c_137897000.htm。

〔2〕《慈善信托管理办法》第七条。

开展募捐、签订协议。[1]

基于专项基金的以上性质，专项基金相比于单独设立一个基金会或者其他社会组织，其主要具有如下特点：一是设立门槛低。专项基金并未有强制性的设立门槛，一般由资助方与基金会协商确定，通常考虑的是项目运作的实际需要，而不是硬性要求。同时专项基金的设立手续简化，不需要到民政部门进行复杂的行政审批手续，而只要与资助方订立专项基金设立协议即可设立。二是专项基金运作机制灵活。每一个专项基金都有一套独立的管理机制，主要接受其内部的管理委员会（或理事会）的管理，科层化程度较低。基金会为了吸引专项基金的加入，还会将管理转化为服务，实现更有效率的工作模式。三是运作成本较低。由于专项基金只是资金的集合，不需要像社会组织的设立一样要求固定的住所和工作人员，其管理成本相对较低。

专项基金由于具有设立门槛低、运作机制灵活、运作成本低的优点，其作为设立基金会的替代选择，成为慈善家重要的慈善工具之一；许多著名的公益项目也是先设立专项基金，在项目发展成熟后，再设立基金会等，例如壹基金，原属于中国红十字会“李连杰壹基金计划”，由中国红十字会“博爱大使”李连杰发起，是在中国红十字总会架构下独立运作的慈善计划和专案，2010 年 12 月 3 日壹基金在深圳落地，获深圳市民政局批准，正式成立深圳壹基金公益基金会。

目前，国内没有明确、完整规定专项基金的设立和运作的法律法规，最为相关的规定是民政部于 2015 年 12 月 24 日公布的《关于进一步加强基金会专项基金管理工作的通知》（以下简称《专项基金通知》）。《专项基金通知》对专项基金的法律地位、设立、名称使用、管理、信息公开、清理整顿等提出了较详细的要求。

第三节　专项基金与资助项目的关系

上文提及捐赠、慈善信托、捐赠人建议基金等可供选择的项目资助工具。在实践中，除了直接资助外，最为常用的间接项目资助工具是专项基金。

---

〔1〕 民政部《关于进一步加强基金会专项基金管理工作的通知》。

本节将重点介绍专项基金的类型、特点及合规要求。

一、专项基金的类型

专项基金主要有两个作用——资金池和募捐平台;不同发起主体在基金会发起的专项基金对专项基金有不同的需求和期待。按照不同发起主体,专项基金可以分为两种类型:(1)资金提供方发起设立的专项基金;(2)项目方发起设立的专项基金。

资金提供方发起的专项基金更强调专项基金作为资金池的特性,一般将专项基金作为一个简化的基金会运作,确定专项基金的宗旨与目标并开展相应的资助项目。企业发起的专项基金多为此类,例如玫琳凯公司和上海宋庆龄基金合作设立了"玫琳凯感恩公益基金",主要针对帮助治愈患有唇腭裂、孤独症儿童,帮助贫困地区儿童。在这种情况下,专项基金更像慈善家和企业责任部门进行公益慈善的一个慈善工具。

项目方(项目执行方)发起设立的专项基金更强调专项基金作为平台募集善款的特性,一般会指定资助某些项目,公益项目执行方发起的专项基金多为此类。因此,项目执行方在基金会发起的专项基金,对于项目执行方而言是重要的募捐机制。项目执行方会以该专项基金接受捐赠人的捐款,并解决无法向捐赠人开具捐赠票据和令捐赠人享受税收优惠等实际问题。

二、专项基金管理制度

根据《专项基金通知》的规定,基金会应当制定专项基金管理制度,并规范专项基金的管理。

专项基金管理制度应在法律规定的框架下,结合基金会的内部管理流程,体现基金会的实际管理能力及发展需求。《专项基金管理办法》的模板见本手册合规工具包Ⅱ-2。

一个完整的专项基金会管理制度一般包括:(1)专项基金的设立;(2)专项基金的管理机构;(3)专项基金的使用与管理;(4)专项基金的终止。

第一,在专项基金的设立阶段应当确定设立专项基金的门槛和流程。设立门槛包括专项基金的发起额度以及专项基金必须符合的名称规定。特别注意对于来自境外的资金,须符合法律法规的规定,确定是否需要按照规定做重大事项报告、是否需要提示并协助资助人进行法律规定的临时活动备案等。设立流程中基金会应当要求捐赠方提供专项基金设立的申请资料和专项基金方案,并规定资料及方案的详细要求。制度中还应明确通过方案的负责人及后续流程。

第二,专项基金一经设立,应根据实际情况成立相应的专项基金管理委员会。管委会作为专项基金的管理机构,应在制度中体现管委会的组成及主要职责和工作要求,例如,审议和管理资助计划、年度预算、工作报告等。

第三,制度中应规定专项基金使用管理细则,包括资金的管理、审计要求、行政开支要求、信息公开要求等。此外,专项基金的使用与管理必须遵守基金会的章程、财务管理制度、信息公开制度和其他内部规章制度。

第四,制度中须对专项基金的终止情形进行规定。如发生终止情形,基金会应当在符合法律规定的前提下规定处置的方式,例如由管委会按照捐赠方意愿形成决议并经基金会批准后处理。一般情况下,在终止情形中,基金会也会对可能发生的专项基金的违规情况进行规定,并保留基金会单方面撤销专项基金的权利。

三、专项基金与资助项目的联系和区别

1. 专项基金与资助项目的联系

在专项基金起到资金池的功能情况下,专项基金里的资金可以用于资助多个公益项目。一些企业捐赠设立的专项基金是不满足设立企业基金会条件的一个过渡性安排,该专项基金也同样具有相应的使命、愿景,并基于该使命愿景有相应的资助计划安排。凡符合专项基金资助条件的对象都可以向基金会、专项基金管理机构申请基金资助。

专项基金作为募捐平台功能的情况下,专项基金本身更像一个项目,例如上海真爱梦想公益基金会下的第一反应公益专项基金就是实施急救基础课程的公益项目,这样专项基金就是一个资助项目。专项基金利用基金会已有的声誉和公开募捐资格进行募捐,可以更好地进行募集资金;从另一个方面来说,基金会能够对专项基金的财务和项目进行监管,项目的合规有了进一步保障;因

此，对于项目执行机构与基金会都是互惠互利的事情。

2. 专项基金与资助项目的区别

《专项基金通知》对专项基金提出了较为详细的要求，也将专项基金与资助项目在发起、管理和退出上进行了区分，结合实践，主要的区别包括如表 1 所示。

表 1　专项基金与资助项目的区别

方面	专项基金	资助项目
核心	资金集中和积累，更强调“资金池”的作用	项目的运作
监督	更为严格	相对宽松
协议签署	《专项基金设立协议》《捐赠协议》	《公益项目资助协议》
名称	需要使用基金会全称	未有规定
发起人/捐赠人	更有话语权	捐赠人话语权相对较弱
财务	独立的会计科目	没有独立的会计科目
信息公开	要求严格	相对宽松
终止	定期整顿	项目终止

（1）专项基金更强调作为“资金池”的作用。专项基金的设立应满足一定的起始资金的条件（但具体金额仍由发起方和基金会自行约定），资金到位之后专项基金才能正式设立。资金提供方发起的专项基金，本就是“资金池”的概念；项目方发起的专项基金，虽然专项基金可能已经明确资助项目或受资助方，但是作为专项基金，仍强调专项基金的积累，在项目执行方需要执行项目时，方去申请专项基金的资金。专项基金是以资金集中为导向，而资助项目的核心是项目的运作。

（2）基金会监督专项基金更为严格。具体体现在：一是基金会有专门专项基金设立和终止的条件及决策程序；二是基金会有专项基金管理制度，对专项基金的活动实施全过程监管，对专项基金的人员实施严格管理。

（3）针对资助项目设立与执行，基金会与受资助方主要会签署《捐赠协议》

《项目资助协议》。相比之下,基金会与发起方会签署《专项基金设立协议》,约定专项基金日后的运作、管理费等内容。

(4)专项基金名称使用比较特殊。基金会要监督专项基金使用带有基金会全称的规范名称,例如"中国社会福利基金会益人义助联合劝募基金"。[1]

(5)与资助项目相比,专项基金的发起人往往比捐赠人更具有相应的话语权,因为发起人除了初始的捐赠,还有可能会参与到后期的资助项目的选择和管理中,故而有利于捐赠人的监督和社会的监督。

(6)专项基金有独立的会计科目,保障资金专款专用。[2]

(7)专项基金的信息公开要求较严。对专项基金的设立和终止信息、管理架构和人员信息、开展的募捐和公益资助项目等信息,基金会有义务全面、及时地披露。[3]

(8)专项基金会被定期清理整顿。对于长期不开展活动、管理不善的专项基金要及时督促整改,必要时基金会会予以终止。[4]

四、专项基金的合规管理和尽职调查

当基金会设立专项基金之前,可以对发起方进行尽职调查,具体方式可以参照本手册第二部分第七章的内容。同时设立、管理专项基金时需要注意如下合规要点:

---

〔1〕 民政部《关于进一步加强基金会专项基金管理工作的通知》(民发〔2015〕241 号):"二是规范名称使用。基金会要监督专项基金使用带有基金会全称的规范名称。专项基金不得以独立组织的名义开展募捐、与其他组织和个人签订协议或开展其他活动;未经党政机关或者其他组织同意,不得以其名义对外宣传或开展业务活动。"

〔2〕 民政部《关于进一步加强基金会专项基金管理工作的通知》(民发〔2015〕241 号):"……基金会应当根据专项基金的设立目的,按照捐赠协议的约定管理和使用捐赠财产,专款专用……"

〔3〕 民政部《关于进一步加强基金会专项基金管理工作的通知》(民发〔2015〕241 号):"四是落实信息公开。基金会应当做好专项基金的信息公开,对专项基金的设立和终止信息、管理架构和人员信息、开展的募捐和公益资助项目等信息依照有关法律法规进行全面及时披露。基金会应当按照业务主管单位和登记管理机关的要求,通过年度工作报告和其他方式就专项基金的情况进行报告、接受监管。"

〔4〕 民政部《关于进一步加强基金会专项基金管理工作的通知》(民发〔2015〕241 号):"五是定期清理整顿。基金会应当定期对下设专项基金进行清理整顿,对于长期不开展活动、管理不善的专项基金要及时督促整改,必要时应当予以终止。专项基金终止的,基金会应当做好后续事宜,妥善处理剩余财产,保护专项基金捐赠人和受助人的合法权益。"

(1)专项基金的活动符合基金会的宗旨和业务范围[1]。专项基金本质上属于基金会下设的项目,因此专项基金的活动不得超越基金会的宗旨和业务范围,例如李某鹏、王某倡导发起的中国红十字会基金会嫣然天使基金,其中"嫣然天使基金"的设立宗旨是救助贫困家庭的唇腭裂患者,而中国红十字会基金会包含"协助政府改善贫困地区的医疗卫生条件,关注和保护人的生命与健康"的业务范围。

(2)建立健全内部制度。如前文所述,基金会设立专项基金前,应当制定《专项基金管理制度》(见本手册工具包编号:Ⅱ-2《专项基金管理办法》),其中具体规定了专项基金的设立门槛,管理要求;基金会应当加强其专项基金的名称使用。

(3)签订专项基金设立协议[2]。设立专项基金,应以签订协议的方式明确专项基金的设立目的、财产使用方式、各方的权利责任、终止条件和剩余财产的处理等。

(4)定期清理整顿[3]。定期对下设专项基金进行清理整顿,对于长期不开展活动、管理不善的专项基金要及时督促整改,必要时应当予以终止。

(5)专款专用但无独立于基金会的账户。基金会应当根据专项基金的设立目的,按照捐赠协议的约定,专款专用地管理和使用捐赠财产。专项基金的收支应当全部纳入基金会账户,不得使用其他单位、组织或个人账户,不得开设独立账户和刻制印章。专项基金不得再设立专项基金。[4]

---

〔1〕 民政部《关于进一步加强基金会专项基金管理工作的通知》(民发〔2015〕241号):"一、基金会对下设专项基金要严格履行监管职责,督促指导专项基金在本基金会的宗旨和业务范围内开展活动,对下设专项基金的所有活动切实承担起主体责任……"

〔2〕 民政部《关于进一步加强基金会专项基金管理工作的通知》(民发〔2015〕241号):"基金会应当与发起人以签订协议的方式明确专项基金的设立目的、财产使用方式、各方的权利责任、终止条件和剩余财产的处理等。"

〔3〕 民政部《关于进一步加强基金会专项基金管理工作的通知》(民发〔2015〕241号):"五是定期清理整顿。基金会应当定期对下设专项基金进行清理整顿,对于长期不开展活动、管理不善的专项基金要及时督促整改,必要时应当予以终止。专项基金终止的,基金会应当做好后续事宜,妥善处理剩余财产,保护专项基金捐赠人和受助人的合法权益。"

〔4〕 民政部《关于进一步加强基金会专项基金管理工作的通知》(民发〔2015〕241号):"专项基金的收支应当全部纳入本基金会账户,不得使用其他单位、组织或个人账户,不得开设独立账户和刻制印章。专项基金不得再设立专项基金。"

对专项基金的设立和终止信息、管理架构和人员信息、开展的募捐和公益资助项目等信息应依照有关法律法规进行全面及时披露。基金会通过年度工作报告和其他方式就专项基金的情况进行报告、接受监管。

第四节　基金会在不同资助方式中的义务

在公益产业链中，基金会既可以作为“捐赠人”，与企业社会责任部门一样作出资助；也可以作为项目的执行方、受赠人、专项基金和捐赠人建议基金的设立人，或者慈善信托的受托人。

作为受赠人、项目的执行方、专项基金和捐赠人建议基金的设立人或慈善信托的受托人，基金会需要承担不同的责任。

一、非限定性捐赠中的受赠人

基金会应根据捐赠协议，在其业务范围内，基于章程规定的宗旨，妥善使用捐赠的善款。

二、项目资助中的执行方

基金会接受项目资助后，只能在特定的项目范围内使用资金，同时基金会需要接受项目执行方的监督，根据资助方的要求做好项目评估和中期报告等。

三、专项基金、捐赠人建议基金的设立人

基金会应对下设的专项基金履行监管职责，对其所有活动承担主体责任，对专项基金的人员实施严格管理，并且应当根据专项基金的设立目的，管理及使用捐赠财产，实现专款专用。[1] 同时，基金会还应承担起专项基金的信息公开工作，按照要求及时、全面地披露专项基金的有关信息。

---

〔1〕 民政部《关于进一步加强基金会专项基金管理工作的通知》。

四、慈善信托的受托人

慈善信托的受托人应当按照慈善信托的目的及慈善信托文件，遵循合法、安全、有效的原则，诚信、谨慎地管理及处分信托财产。[1] 同时受托人须履行信息公开和告知的义务，向社会公开慈善信托事务处理情况及财务状况。[2]

总之，无论使用哪一种资助方式，最终资助能够到达受益人手中，捐赠财产能够按照捐赠人的捐赠意愿得到良好的使用，都得益于项目的执行。项目资助是公益慈善领域最常见的资助手段，是公益慈善的基本运作单元，是公益慈善领域的起点和重点。希望进入公益慈善领域的资助方，一般都从项目资助起步，之后无论是需要设立专项基金、DAF 还是建立基金会，最终都会归于项目资助。只有选择一个好的项目进行资助，才能够通过资金的流动带活公益产业链。所谓的"将爱心传递下去"就是通过项目的开展使得资金能够通过合适的方式作用于最终的受益人。

---

〔1〕《慈善信托管理办法》第二十四条。

〔2〕《关于做好慈善信托备案有关工作的通知》第三条。

第三章 资助领域与资助项目划分的合规问题

【章节概要】本章将围绕资助领域、资助项目的选择与规划重点展开，探讨其中的法律合规问题。

如何做好项目资助，其实就是在花钱的时候，兼顾资助价值最大化以及资助合规性。这要求基金会的工作人员，尤其是基金会的资助官员，对自身的使命、宗旨、业务范围和发展目标有充分了解。在了解自身定位的基础上再选择与之契合的资助领域和资助项目，或可有效提高慈善资源使用效益。而开展项目资助不得超越基金会的宗旨与业务范围，既是法律的强制性要求，也是政府部门监管的重点。本章我们将重点提示基金会在划定资助领域和选择资助项目时可能面临的法律风险，并提供合规风险解决建议以供参考。

第一节 核心依据：宗旨和业务范围

一、宗旨和业务范围确定的前提

1. 使命和愿景

不同于企业等营利法人，基金会作为非营利组织是以价值观念为导向，而非以利润为导向。[1] 在某种特定的价值取向基础上，基金会进而衍生出使命和愿景。使命和愿景回答了基金会设立的两个根本问题：(1)设立基金会为了

---

〔1〕 卢玮静、赵小平、陶传进等：《基金会评估：理论体系与实践》，社会科学文献出版社 2014 年版。

什么;(2)期望通过基金会改变什么。这两个问题的答案本身界定了基金会意愿承担的社会角色和功能,而对这两个问题的讨论,也可使基金会内部成员和捐赠人、志愿者等重要利益相关方在过程中逐步凝聚共识。这对于基金会这样本身不追求也无法带来可观经济效益、需要依赖成员对公益事业的认同作为驱动力的组织来说,有非常重要的意义。以使命和愿景为起点,基金会才能进一步确定其业务活动的主要范围和资源配置的侧重。

那么什么是使命和愿景?使命,一般是指组织成立的根本目的。基金会的使命通常包含该基金会关注的社会问题或拟实现的公益目标。愿景,指组织将来希望达成的蓝图。基金会的愿景相较使命更为抽象,在表达上往往更具情感感召力,易于理解和传播(见表2)。

表2 基金会愿景与使命典型示例〔1〕

上海真爱梦想公益基金会	愿景:帮助孩子自信、从容、有尊严地成长 使命:发展素养教育,促进教育均衡,以教育推动社会进步
上海联劝公益基金会	愿景:让更多人,更快乐、更自主地参与公益,成为美好社会+1的力量 使命:支持公益参与者实现社会价值与个人价值,引领快乐自主有成效的公益慈善文化

使命和愿景是机构的大方向,而一个基金会在章程中所载的业务范围,亦即基金会登记的业务范围,某种程度上说是具象化的使命和愿景,对基金会实际业务的开展具有法律上的约束作用。

2. 目标和策略

基金会的目标是基金会达到其使命的阶梯。基金会的目标并不是指基金会最终希望取得的成就——那已经在"使命"和"愿景"中通过不同的方式叙述了。基金会的目标应当是:(1)现实的;(2)可量化的;(3)分阶段的;(4)与愿景和使命存在逻辑关系的。

换而言之,目标是一个分阶段的、详细的计划,一步一步引领基金会接近其使命,实现其愿景。例如一个基金会的三年、五年规划等。

---

〔1〕 示例来源于两基金会官方网站,详情可见:(1)上海真爱梦想公益基金会,https://www.adream.org/about;(2)上海联劝公益基金会,https://www.lianquan.org.cn/about.jsp。

所谓"策略",就是基金会实现目标的方式。基金会已经有了使命和愿景,制定了能够引领基金会实现使命和愿景的目标,那么接下来的问题,就是如何实现这些目标。有时单纯的资助金投入是无法实现目标的。在这样的情况下,基金会需要考虑是否需要通过其他方式,例如举办讲座、培训,录制视频、开展互动活动,号召社会各界加入项目等方式来实现目标。

以银杏基金会为例,银杏基金会推出"青年圆桌计划",意图"激发更多跨界合作,增加社会资本积累,持续催化青年社会创新"。为实现这一项目目标,银杏基金会除了对相关机构进行小额资助,也引入了同伴互动,引导不同机构进行深度对话等方式。

基金会的使命、愿景、目标和策略四个概念可以总结为:使命,成立的动机和目的。愿景,对使命的具象化演绎,使命实现时的社会图景。目标,在朝着愿景的方向前进时的可量化成就。策略,达到目标所要采取的措施或所要完成的任务。

二、基金会的宗旨和业务范围:基金会资助开展的法定边界和行动准则

在确立使命和愿景后,基金会应将使命和愿景进一步具象为宗旨和业务范围。宗旨和业务范围,是一个重要的法律概念。根据《基金会管理条例》的相关规定[1],宗旨和业务范围应当在基金会设立阶段于章程中明确,并须经登记管理机关和业务主管单位(如有)审批通过后方可备案。宗旨和业务范围一经确定,将对基金会的日常业务活动的开展有重要约束力,是登记主管机关和业务主管单位(如有)评估的重要依据。

1. 基金会的宗旨

根据《辞海》第七版释义,"宗旨"指意图。基金会的宗旨,即基金会设立的意图和目的。可见,从语义角度,基金会的宗旨与使命基本等同。在基金会章程中,使命内涵将被纳入"宗旨"中,以文字形式确定下来。

基金会的宗旨是基金会根本性的行动准则,具有重要的指导作用。根据《基金会管理条例》的相关规定,基金会开展募捐、使用财产应当符合基金会宗

---

〔1〕《基金会管理条例》第十条。

旨;基金会注销后剩余财产的分配,也应由登记管理机关组织捐献给与基金会性质、宗旨相同的社会公益组织。

2. 基金会的业务范围

基金会的业务范围,一般是指基金会为实现其使命和愿景而具体开展活动的领域。根据《基金会管理条例》的相关规定,基金会的业务范围必须遵守"以从事公益事业为目的"[1]的基本法律条件。《公益事业捐赠法》具体给出了我国现行法下对公益事业的界定,明确公益事业包括非营利的下列事项[2]:(1)救助灾害、救济贫困、扶助残疾人等困难的社会群体和个人的活动;(2)教育、科学、文化、卫生、体育事业;(3)环境保护、社会公共设施建设;(4)促进社会发展和进步的其他社会公共和福利事业。因此,基金会的业务范围应至少属于上述四类事项中的一个分类。此外,根据《关于改革社会组织管理制度促进社会组织健康有序发展的意见》的规定,基金会的业务范围应当符合"明确、清晰、聚焦主业"的原则。结合过往基金会的设立申请经验,基金会的业务范围应当有具体的活动类型指向,不得太过笼统宽泛。

当业务范围被写入章程之后,基金会主要的活动和发展方向也基本确定。根据《基金会管理条例》[3]的相关规定,基金会开展的业务活动不能超过章程所规定的业务范围,否则将会面临行政处罚的风险。

3. 宗旨和业务范围对基金会资助行为的限制

资助活动,属基金会业务活动的一部分,涉及基金会对捐赠的接受和财产的使用,因此,根据《基金会管理条例》第二十五条及其他适用规定,此类资助行为应当遵循其章程中所载的宗旨和业务范围,不得资助超出其宗旨和业务范围之外的公益慈善项目。

在理解基金会业务范围时,基金会应尤其关注其业务范围内是否含有地域或具体细分公益板块的限定描述。例如,若某基金会的业务范围表述为"资助社会福利院儿童和老人的相关公益项目",则原则上该基金会不应成为环境保护或无关领域学术研究的资助方。又如,某基金会的业务范围为"为湖北湿地

〔1〕《基金会管理条例》第二条。

〔2〕《公益事业捐赠法》第三条。

〔3〕《基金会管理条例》第二十五条。

保护事业提供技术和资金支持”,则该基金会不得参与湖北省省外的保护项目资助。

实践中,基金会未按照章程规定的宗旨和业务范围开展活动,已成为其受到行政处罚的主要事由。中国社会组织政务服务平台公告显示[1],在可查的十六条行政处罚公告中,有5家社会组织是因未按照章程所载宗旨和业务范围开展活动而被处以从停止活动至撤销登记不等的行政处罚。其中,有一家基金会[2]被列明的违规活动就包括超出章程所载宗旨和业务范围的资助行为。因此,为保证基金会之后资助活动的合规,在基金会设立阶段,基金会发起人及利益相关方就应明确基金会未来的发展定位,并在此基础上再行确立宗旨和业务范围。这或可帮助基金会避免在实际运营中出现拟定资助领域、项目与章程不一致的情形。

而若基金会根本性的资助领域和方向确有变更的需要,则在实际开展资助项目前,基金会应先根据《基金会管理条例》第十五条的规定,在履行完法律或章程要求的内部决策程序后,向民政部门申请对基金会的业务范围进行变更登记。这时候,民政部门和业务主管单位(如有)往往会结合基金会的设立目的,即宗旨,考虑相关的业务范围的变更是否偏离了基金会原先的设立目的,从而决定是否同意该等变更申请。

根据过往基金会的申请经验,实务中进行基金会变更登记将受到登记管理机关和业务主管单位(如有)较为严格的审查。因此,对基金会而言,在设立阶段就明确基金会重点关注解决的社会问题和方向并一以贯之,有助于基金会规避此类因发展目标不确定而产生的额外程序成本。

第二节　基金会资助领域及资助项目

前文重点介绍了使命与愿景及在两者基础上延伸的两个法律概念:宗旨与

〔1〕 查询渠道见中国社会组织政务服务平台:http://www.chinanpo.gov.cn/xzcfgg。

〔2〕 紫金矿业慈善基金会行政处罚决定书(民罚字〔2017〕14号)。

业务范围。他们共同奠定了基金会的基本发展方向。而在确立上述目标后，基金会需要进一步制定与之匹配的战略规划。

一般而言，基金会的战略规划，是指基金会为实现其愿景和使命，制订切实可行的计划并加以实施的过程。基金会在制定战略规划时，首先需要确定的是，基金会希望在哪些领域取得成就，以实现其使命和愿景。资助领域就是战略规划中的一部分，决定了基金会未来一段时间中应当在哪些领域投入资金和人力，以取得其所制定的阶段性目标和长期目标，进而实现其愿景。例如，基金会的使命核心为"推动社区可持续发展"，也就是说，基金会的地缘依托在于社区，目标是可持续发展。但社区也包括了城市边缘社区、农村社区和城市社会；可持续发展也包括了垃圾回收、垃圾分类、垃圾治理等领域。在此基础上，基金会可能会延展出"支持和帮助农村社区、城市边缘社区垃圾治理"（A 领域）、"城市社区垃圾分类"（B 领域）等不同领域的资助业务。如果基金会的使命聚焦，例如只有"资助贫困家庭学生完成学业"这一使命，那么相应的基金会的目标呈线性发展，那么其所关注的资助领域将仅限于助学领域；如果基金会的使命较为广泛，就如上文所说的"推动社区可持续发展"，则基金会的目标将会涉及在多个领域取得成就。

资助领域之下则是有多个项目加以支撑，这些项目可以是资助类项目（A 项目），也可以是基金会自己开展执行的项目（C 项目），也可以是设立专项基金（B 专项基金），这些项目和专项基金，就是实现目标所必需的策略。图 8 为战略规划、资助领域与资助项目的关系示意图。

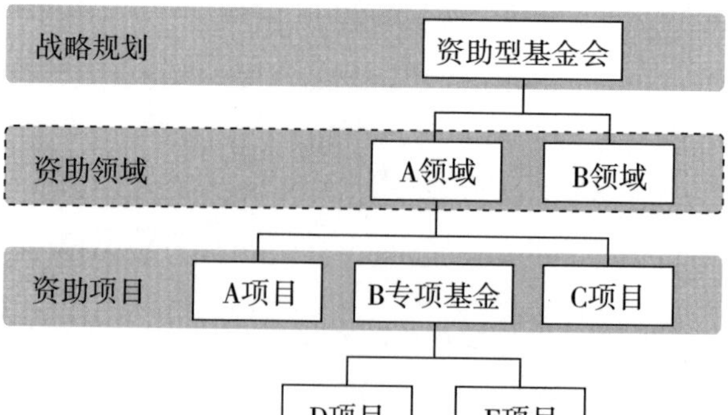

图 8　战略规划、资助领域与资助项目的关系

由于本手册主要围绕资助项目的合规展开。有关战略规划和资助领域确定的方法我们仅在附录中作必要提示。而从法律合规角度，如本章第一节所述，无论资助领域与资助项目具体以何种路径制定，具体其都应保证遵守基金会章程中所载的宗旨和业务范围的规定，确保基金会资助行为的合法性。

第三节　基金会资助项目预算的法律合规要求

基金会在策划或实施具体的资助项目时，不可避免地会遇到如何合规制定资金预算的问题。从法律规定与实践角度出发，项目预算应遵循如下准则：

（1）尊重捐赠人。在捐赠协议、募捐公告中约定项目活动支出和管理费用的，或者捐赠人对项目活动支出和管理费用有特殊要求，应当遵守相应的约定和要求。

（2）计划年度支出和年度管理费用。即使有约定，基金会年度项目活动支出和年度管理费用也应当控制在法律规定的范围之内；因此基金会在制定年度规划和年度预算时，从合规的角度上看，基金会应当考虑最坏的募捐情况、做最坏的打算，将年度净资产、慈善活动年度支出、管理费用三项重要的数据均做到合规。

（3）符合基金会的财务管理制度对项目预算的特别规定。

其中，慈善活动支出是指基金会在章程规定的业务范围内开展慈善活动，向受益人捐赠财产或提供无偿服务时发生的费用。而管理费用是按照《民间非营利组织会计制度》规定，为保证本组织正常运转所发生的费用。图9为慈善活动支出和管理费用示意图。

根据《慈善法》、《基金会管理条例》及《关于慈善组织开展慈善活动年度支出和管理费用的规定》等相关规定，基于该基金会获得慈善组织认定和公开募捐资格的情况，基金会的年度慈善活动支出和管理费用需要符合相应的数额限制标准。因此，在选择、开展具体资助项目时，基金会应对该资助项目拟对外拨付的款物及为实施该项目发生的各项支出及基金会管理费用进行合理规划，遵循管理费用最必要原则，减少不必要的开支。具体的限制标准如表3所示。

慈善活动支出

- 直接或委托其他组织资助给受益人的款物；
- 为实施慈善项目发生的人员报酬、志愿者补贴和保险，以及使用房屋、设备、物资发生的相关费用；
- 为管理慈善项目发生的差旅、物流、交通、会议、培训、审计、评估等费用。

管理费用

- 理事会等决策机构的工作经费；
- 行政管理人员的工资、奖金、住房公积金、住房补贴、社会保障费；
- 办公费、水电费、邮电费、物业管理费、差旅费、折旧费、修理费、租赁费、无形资产摊销费、资产盘亏损失、资产减值损失、因预计负债所产生的损失、聘请中介机构费等。

图 9　慈善活动支出和管理费用

表 3　基金会的年度慈善活动支出和管理费用的数额限制

类型	上年年末净资产（"x"）	慈善活动年度支出	年度管理费用
具有公开募捐资格的基金会	（不适用）	≥占上年总收入的 70%	≤当年总支出的 10%
不具有公开募捐资格、但慈善组织属性的基金会	x≥6000 万元	≥上年年末净资产的 6%	≤当年总支出的 12%
	800 万元≥x＞6000 万元	≥上年年末净资产的 6%	≤当年总支出的 13%
	400 万元≥x＞800 万元	≥上年年末净资产的 7%	≤当年总支出的 15%
	x＜400 万元	≥上年年末净资产的 8%	≤当年总支出的 20%
不具有慈善组织属性的基金会	（不适用）	≥上年基金余额的 8%	≤当年总支出的 10%

注：1. 具有慈善组织属性的基金会的年度管理费用低于 20 万元的，无须适用上述规定。
2. 计算年度慈善活动支出比例时，可以用前三年收入平均数代替上年总收入，用前三年年末净资产平均数代替上年年末净资产。
3. 上年总收入为上年实际收入减去上年收入中时间限定为上年不得使用的限定性收入，再加上于上年解除时间限定的净资产。

基金会对年度慈善活动支出标准的遵守情况，影响的不仅是财务控制的合规，同时也是基金会能够开展保值增值投资活动的重要前提。根据《慈善组织保值增值投资活动管理暂行办法》的相关规定，基金会开展保值增值活动，应当满足两项前置条件，其中之一就是年度慈善活动支出应当符合法定要求[1]。

---

〔1〕 根据《慈善组织保值增值投资活动管理暂行办法》第三条的规定，另一项从事保值增值活动的前置条件为：捐赠财产及时足额拨付。

第二部分
夯实基础

第四章　基金会制度建设

【章节概要】截至目前，我们已经明确了基金会的使命和愿景、宗旨和业务范围，并讨论了在划分资助领域和规划资助项目时应当遵守的合规要求。如果将基金会比作一个公司，那么基金会的项目就是基金会的“产品”。“产品”的落地，或者说项目的开展，标志着基金会踏出正式运营的第一步。

在项目运作的过程中，基金会作为公益产业链上承上启下的一环，一方面需要对基金会捐赠人负责；另一方面需要联合合作方，对项目的执行方做好监督工作。对捐赠人、合作方和项目执行方的权利和义务，意味着基金会在项目运营中承担着责任，且随之而来的也必定有风险。

基金会运营中的风险不仅限于在与项目执行方、合作方、捐赠人所建立的法律关系中所形成的交易风险，也包括法律法规和章程等规章制度的合规风险。若无法同时照看这两方面的风险，基金会的发展将会受到阻碍。

为此，基金会在正式开展运营之前，应当做好前期风险控制，最大限度地预见并减少基金会可能遭遇的交易风险和合规风险。这要求基金会在资助项目前了解政策、识别环境、评估风险，并在此基础上制定出一套能够促使基金会合法、合规运作，同时最大限度规避资助领域可能发生风险的内部治理制度。基金会内部治理制度的建设可分为三个层次：第一层是法律法规要求必须建立的内部制度；第二层是为适应社会组织等级评估需要而建立的内部制度；第三层则是基于基金会自身体量、规模和资助项目而设置的内部制度。以上三层共同构成了基金会实现公开透明治理的重要规范基础。

第一节　法律对基金会制度建设的要求

根据《慈善法》、《基金会管理条例》和《关于规范基金会行为的若干规定(试行)》及其他适用规定,基金会的内部制度应至少包含如下组成:(1)理事会制度;(2)监事会(或监事)制度;(3)财务和资产管理制度(其中包括保值增值投资管理制度);(4)信息公开制度;(5)捐赠票据管理制度;(6)社会组织重大事项报告制度;(7)人事管理制度;(8)党建工作制度;(9)关联交易制度。

上述制度设置是否完备以及制度具体细则是否在实践中被遵照执行,是监管部门审查基金会业务合规与否的重要标准。资助行为作为基金会业务活动的一部分,其立项、钱款拨付到结项等全生命周期环节,都应符合相应的内部制度规范。以下我们将重点介绍与资助项目相关的制度设计和程序要求。

一、理事会制度

根据《民法典》[1]及《基金会管理条例》[2]的相关规定,理事会是基金会法定必须设置的决策机构。作为基金会的最高权力机关,理事会的组成必须符合基金会章程和理事会制度的规定,其成员必须依照制度行使职权、履行职责、召开理事会会议,执行理事会议案及决议等,确保基金会在理事会的领导下健康发展。

从基金会理事会的有效治理和基金会运作的实际情况出发,所有的资助项目都要经过理事会会议的审核,是难以执行且没有必要的。对于在(理事会批准后的)年度计划内容中的非重大项目,可以直接由基金会的秘书长或秘书处审核通过。如有额外增加的项目或重大项目,再单独报请理事会批准。一项资助项目是否为理事会批准,即是否构成一个重大项目,需要在基金会的章程以

〔1〕《民法典》第九十三条。

〔2〕《基金会管理条例》第三章。

及理事会制度中进行约定,并在实践中照章执行。

二、监事会(或监事)制度

根据《民法典》的相关规定[1],包括基金会在内的捐助法人,应当设立“监事会等监督机构”。《基金会管理条例》中并未强制要求所有基金会都设置监事会(3人以上组成监事会),仅要求所有基金会必须配备监事[2]。但若该基金会具有公开募捐资格,则根据《慈善组织公开募捐管理办法》第五条的规定,在省级以上人民政府民政部门登记的慈善组织应设置监事会。

根据《基金会管理条例》和民政部发布的《章程示范文本》[3]的规定,监事会主要职权包括:(1)保障基金会的财务运作透明合法;(2)监事列席理事会会议,监督监事会的召开;(3)监督基金会遵守法律和章程的情况。具体针对资助项目,监事会在其章程所载职权范围内,对项目立项、资助款物拨付的合规情况进行监督管理,核查项目执行是否合规,是否符合捐赠人的要求。

三、资产管理制度

根据《基金会管理条例》[4]及其他适用法律法规的规定,基金会资产管理制度主要有利于加强基金会资产的管理,规范资产管理流程,充分发挥基金会资产使用效能。其主要条款包括资产管理部门组成、职责和义务,资产的登记、报废、转移流程、捐赠物资管理及资产交易等条款。

资产管理制度中有关资助项目的规定多与资助款项划拨有关。资助项目一般涉及对基金会现金等流动性资产的使用。考虑到资助行为本身较为灵活机动,因此,基金会的资产管理制度中一般会设置专门条款,约定基金会内部现金或货币市场基金应当保有一定的金额数额,以保证可以按照资助协议约定足额划拨款项。

---

〔1〕《民法典》第九十三条。
〔2〕《基金会管理条例》第二十二条。
〔3〕民政部《关于印发〈基金会章程示范文本〉的通知》(民函〔2004〕124号)。
〔4〕《基金会管理条例》第十条。

四、财务管理制度

《基金会管理条例》规定[1]，基金会在章程中就应明确财产的使用和管理规定，并在内部治理中建立独立的财务管理制度。财务管理制度旨在提高基金会资金利用效率、防止资金被滥用。完备的财务管理制度包括收支管理、会计控制、财务监管、税收管理、核算流程等部分，必须体现基金会宗旨，起到监督基金会运作、提高公信力、预防危机发生的作用。

针对资助项目，一般而言，在财务管理制度中，会对资助申请的内部财务审批流程、资助项目财务审核要点、资助项目重大合同审查等进行具体规定，并要求对已签订但未执行完的资助协议，基金会应预留资金，防止透支现象发生。这在基金会进行保值增值及其他投资活动中应尤其注意。

此外，根据《慈善组织保值增值投资活动管理暂行办法》的相关规定[2]，财务和资产管理制度中，还应规定基金会保值增值投资活动风险管控、相关违规责任追究的条款。其主要内容应包括可开展的保值增值活动范围、开展流程、管理委员会的职责等。完善的保值增值管理办法可以有效地管控风险，实现基金会保值增值的目的。

五、捐赠票据管理制度

捐赠票据管理制度应当根据《公益事业捐赠票据使用管理暂行办法》制定，主要条款包括基金会捐赠票据的领购、使用、登记与保管流程的规定。该制度旨在加强公益事业捐赠收入的财务管理监督，提高财务状况的规范度和透明度。

六、重大事项报告制度

根据本书第九章第一节对重大事项报告制度的介绍，民政部直管的基金会以及在北京、上海等地登记的基金会都需要遵守相应的重大事项报告/报备规

〔1〕《基金会管理条例》第十条。
〔2〕《慈善组织保值增值投资活动管理暂行办法》第八条。

范,因此有必要依据相关规定制定重大事项报告制度。重大事项报告制度中应当包括重大事项的具体内容、报告方式及负责人员等。

一般而言,超过一定投入金额的重大项目、涉外项目等需要作重大事项报告,但具体还是参照各地区重大事项报告制度报告。

七、信息公开制度

信息公开制度根据《慈善组织信息公开办法》《基金会信息公布办法》制定,应当包括信息公开原则、公开内容、渠道、时限、程序、责任人等条款。依法公布信息的目的旨在保障社会公众(特别是捐赠人)的监督权,提高基金会的社会公信力。

八、党建工作制度

党建工作制度旨在加强基金会党委和基层党支部及党员队伍建设,促进基金会党建工作顺利开展。成熟完备的党建工作制度应当包括党委职责、议事规则、党务公开等条款。

九、人事管理制度

人事管理制度的制定应当依照《劳动法》及相关法律的规定制定,包括员工基本守则、人员招聘及解聘相关流程、工资福利制度、员工发展制度等条款。完善的人事管理制度有利于激励员工充分发挥才能,减少员工管理的误解和冲突,提升基金会的运作效率。

基金会需要建立与机构发展相适应的、鼓励员工全面发展的人力资源管理机制,员工的发展能进一步推动基金会项目执行的效能。

十、基金会关联交易管理办法

关联交易有其积极意义和消极意义。因此,法律并不禁止所有关联交易,只禁止不合理的关联交易,即:损害基金会、受益人、慈善财产和社会公共利益的关联交易。但由于基金会的公益属性,基金会与关联方之间的资金往来及关联交易,需要受到相应的监管和履行信息公开义务,供公众监督。因此,笔者此处将关联交易的相关管理办法也归入法定要求的制度中。基金会关联交易管理办法应包括关联方的范围、回避制度、审议程序、信息披露、责任追究等基本条款。

第二节　社会组织等级评估对基金会制度建设的要求

除了上述法律要求基金会设立的制度之外,社会组织等级评估对基金会内部制度建议提出了更高的要求。由于在社会组织等级评估中获得一定等级是基金会申请或维持公益性捐赠税前扣除资格的重要前提条件,故而这些制度对于基金会来说也是非常重要的。

社会组织等级评估,是指各级各地民政部门依照其制定的指标规范,对社会组织进行客观、全面的评估并给出评估等级结论。社会组织等级评估虽并非法律强制要求社会组织必须参加的评估机制,但其评估结果,将实质影响社会组织申请公益性捐赠税前扣除资格〔1〕及接受政府采购服务。在一些地方,满足申请社会组织等级评估条件的社会组织未向民政部门申请进行等级评估的,可能会面临额外的合规抽检。各地民政部门结合本地区基金会发展情况,制定了具体的内部制度建设要求。我们以中国社会组织政务服务平台〔2〕上公布的基金会(慈善组织)评估指标为依据,梳理了基金会在法定要求之外,出于等级评估和自身治理合规需要,还应建立的规范化制度。

一、档案及印章管理制度

制定有效、完善的档案与印章管理制度旨在保证档案与印章管理、使用的合法性、严肃性和可靠性。

档案管理制度条款应对基金会资助等慈善项目档案的建档归档、理事会监事会等决议、投资活动专项档案、档案的保管和管理等作出细化规定,明确基金

〔1〕 财政部、税务总局、民政部《关于公益性捐赠税前扣除有关事项的公告》(财政部、税务总局、民政部公告2020年第27号)。

〔2〕 查询渠道见中国社会组织政务服务平台网:http://www.chinanpo.gov.cn/shzzpg。

会应对资助项目、理事会决议投票情况等建立专档并如实、完整保存相关资料和记录。

印章管理制度则应对基金会对外由代表效力印鉴的申领、使用、保管人员流程、印章使用登记进行细化规范，尽可能避免印鉴由单独个人保管，在印章审批使用流程中设置多部门共同审核流程，同时对印章可能被带离基金会办公场所的情况严格限制。

二、项目管理制度

项目管理制度包括项目选择机制、项目评审程序、实施方案和负责人、风险控制等条款。制定完备的公益项目管理制度有利于合理设计项目、优化实施流程、降低运行成本，以确保项目实施过程中不偏离机构宗旨，提升基金会项目运作能力，提高项目社会影响力。

三、志愿者招募及管理制度

基金会开展项目的过程中常常涉及志愿者的招募。志愿者招募及管理制度旨在规范基金会对志愿者工作的管理，激励社会人士参与基金会的公益服务活动。完善的志愿者制度应当明确志愿者的加入与退出程序、权利与义务、组织与管理等事项，保证志愿参与者的权益不受侵害。

第三节　其他规章制度

除却以上法律法规要求的和等级评估可能重点考察的制度建设指标外，基金会还可根据其自身业务特点和需要，制定特别的内部规范。

一、保密制度

制定保密制度旨在明确全体员工保守基金会秘密的义务，加强对基金会保密信息的保护，维护基金会权益。完善的商业秘密管理制度包括保密范围、密级确定、保密措施等条款。

二、著作权管理办法

基金会著作权管理办法明确了基金会作品的创作、保护、使用和管理职责，明确著作权的权属，规范作品的使用，保护基金会的无形资产，鼓励员工提高创作的积极性。

三、商标管理办法

商标管理办法旨在确保基金会商标的显著性、独创性，确保依法正确使用商标。商标管理办法一般包括明确商标主管部门、管理程序、使用和对外授权的要求和保护规则等条款。

基金会的制度应随着基金会的发展不断调整。需注意的是，根据基金会开展项目的审批及管理流程，理事会制度、财务制度、捐赠票据制度、专项基金制度、重大事项报告制度、项目管理制度是必不可少的。

第四节　项目管理制度的建设

合理高效的项目管理制度，可以帮助基金会筛选出与其宗旨和业务范围契合度较高的资助项目。而基金会后续对项目实施过程中的审批、评估与反馈，也可让基金会对慈善资源的使用效益建立客观的衡量指标。公益项目管理制度的模板见本手册合规工具包，编号：Ⅱ－1《公益项目管理制度》。

制定项目管理制度，需与法律法规的相关规定、基金会的章程和其他内部制度保持统一。项目管理制度的基本内容以执行流程为线索，分为总则、立项、项目实施、项目评估与结项及附则。在项目管理的各个阶段应确定相关的负责人与流程，涉及文件的，如立项书、结项报告等，应当明确文件的具体涵盖内容。表4为项目管理制度的基本内容。

表4　项目管理制度的具体涵盖内容

项目	内容	注意要点
总则	• 项目管理制度的制定依据和目的 • 项目管理的具体负责机构	• 总则的作用在于从目的和负责人角度统领指导整个项目管理制度
立项	• 项目立项的基本原则 • 项目选择机制（区分基金会自设项目与外部申请项目） • 重大项目的定义	• 确保立项原则不偏离基金会的使命和愿景 • 区分自设项目与外部申请项目的立项流程 • 重大项目定义可根据项目资金及周期决定
项目实施	• 确定项目负责人 • 定期项目会议 • 项目实施的监督机制	• 立项的项目应当确定项目负责人，对项目进行全程跟踪、定期反馈执行和进展情况 • 有必要规定项目部门开展定期会议
项目评估与结项	• 项目评估和反馈 • 结项报告的内容与流程 • 立卷归档的方式	• 具体化项目评估和反馈的流程，包括审核人员、时间节点、评估要求 • 项目结果应确保与项目计划一致 • 项目执行应严格项目预算，并在财务报告中充分体现
附则	• 制度与其他规定的法律关系 • 制度实施日期	• 附则可完善制度中总则和具体项目规定以外的辅助性规定

第五章　基金会项目的审批

【章节概要】本章按照基金会的不同资助项目类型，介绍了它们在立项时应当遵守的合规要求。

一般情况下，基金会的资助项目分为两类（见图 10）。第一类是基金会直接发起的项目。在该种模式下，基金会可以对已有成熟项目方案的公益慈善项目直接资助，也可自行提出总览性的项目构想和方向后，以招投标形式选择项目执行方。第二类项目是由外部发起的、基金会主要进行资金监管的资助项目。这种模式多见于成熟的资助型基金会，基金会在其中主要承担资金平台的作用。

基金会的财产具有公益慈善属性，因此基金会对财产的使用必须慎之又慎，遵守相应的合规程序。基金会的资助如何有效又合规，是很多基金会需要考虑的重点问题。项目资助的首要合规要求就是需要完成基金会内部的审批流程。

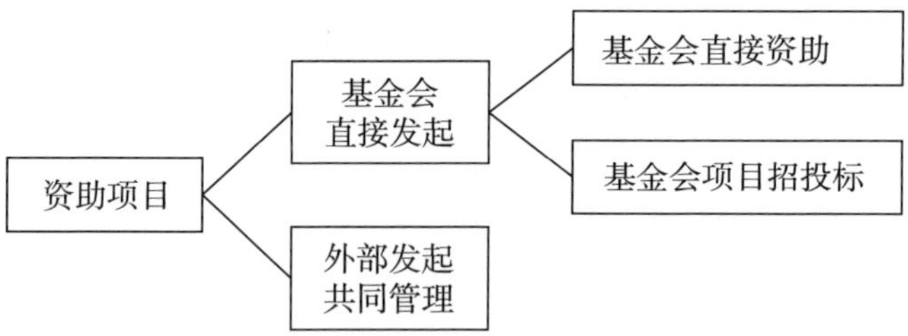

图 10　资助项目的分类

第一节　资助项目内部审批要点

基金会的资助项目立项需要履行相应的立项审批手续。对于基金会年度计划以外的资助项目或者重大项目,必须经过理事会的审批;其他项目则需要根据基金会的项目管理制度,经过秘书处等部门的内部审批流程。

一、基金会直接发起的资助项目合规要点

1. 判断项目是否符合基金会登记的宗旨和业务范围

基金会在开展资助项目前,首先需要自查该资助项目是否超越了基金会的宗旨与业务范围。例如,业务范围内仅包含“青少年教育”的基金会,如选择水资源保护相关的项目进行资助,就可能面临超出业务范围活动的行政处罚风险。

2. 判断项目是否适用重大事项报告制度

参考《民政部直管社会组织重大事项报告管理暂行办法》(民发〔2018〕85号)及各地出台的重大报告指引及细则,如社会组织有发生对其自身、服务对象或其他组织和个人带来较大影响的重大事件或重要活动等,应按照相应的重大事项报告流程规范向登记管理机关和业务主管单位(如有)进行报告。因此,基金会在开展资助项目时,有必要先对资助项目的参加人数、是否涉及境外业务活动或是否有境外参与方等情况,对照适用重大事项报告规则进行审核。如资助项目确实适用重大事项报告制度,则基金会应当按照规定的时限和报告内容完成报告。如基金会未按相关规定履行重大事项报告义务的,则基金会可能面临从约谈至追究直接负责的管理人员责任不等的处理措施。

各地民政部门和业务主管单位对于重大事项报告的要求并不完全相同。社会组织在开展可能涉及重大事项的活动时,应当先检查当地是否存在社会组织重大事项报告制度。此外,对标各地的通常重大事项报告标准,征求主管单位的意见,再确定是否需要进行正式的事前报告。目前各地规定中,普遍认为构成重大事项的包括以下几类:(1)召开重大会议。社会团体召开成立大会或

换届会议,基金会召开理事会的。(2)主要负责人发生变化。社会团体负责人发生变化,基金会和民办非企业单位理事会成员发生变化,民办非企业单位执行机构领导成员发生变化的。(3)开展涉外活动。社会组织吸收境外人士担任本组织名誉职务或决策机构成员,接受境外组织、个人捐赠及资助,邀请境外人士或境外组织参加活动,加入国际组织的。(4)开展重要活动。社会组织参加重大投资项目,接受和使用重大捐赠及资助的。(5)其他。在活动中发现重要社情动态的、发生重大突发事件的。

3. 判断项目招投标流程是否符合"公开、公平、公正"条件

根据《慈善法》、《关于规范基金会行为的若干规定(试行)》及基金会等级评估的相关要求,基金会应当保证其对公益项目执行方、受益人的选择遵循"公开、公正、公平"的条件,并遵循诚实信用原则。因此,在筛选和执行资助项目过程中,基金会方不得允许其捐赠人指定自己的利害关系人作为项目受益方,同时应当制定公开、透明、严格的招投标流程及评审程序,严格排除与投标方有利害关系者参与招投标和项目评审,并及时将相关程序和项目招投标结果向社会公众公开。

4. 资助项目的信息公开情况

根据《基金会信息公布办法》及《慈善组织信息公开办法》的相关规定,基金会应当按照规定的时限周期和内容要求,向社会公众公开公益资助项目的信息,包括资助项目种类、申请评审程序、资金使用计划及实际的资金使用情况,接受社会公众监督。《基金会信息公布办法》还规定[1],对于公共媒体上出现的可能会对基金会方造成或可能造成不利影响的消息,基金会应当进行公开说明或澄清。

二、外部发起、共同管理的基金会项目

对由基金会外部发起,基金会作为资助方参与共同管理的资助项目而言,基金会除需关注以上基金会直接发起资助项目时面临的合规要点外(包括项目本身是否符合基金会宗旨及业务范围、项目是否适用重大事项报告制度、项目

〔1〕《基金会信息公布办法》第八条。

情况应当按照规定方式进行信息公开），还需遵守以下合规规范：

1. 判断资助项目是否履行了内部审批程序

由基金会外部发起的项目，如属于基金会章程、理事会制度所载的需经理事会决议的重大活动计划，则应按照章程所载的表决规则和程序进行决议后，方可正式立项并开展后续工作。

2. 防范外部合作方的交易风险

当基金会与外部机构或个人（外部合作方）共同开展项目合作时，基金会应对外部合作方开展基础的尽职调查工作，核查该外部合作方是否存在违规开展项目或其他可能对基金会与其合作产生负面影响的违规事项。尽职调查中，可重点关注如下要点：

（1）（外部合作方为法人）是否取得开展拟合作项目所必须具备的资质许可文件？

（2）（外部合作方为慈善组织或其他非营利组织）拟合作项目是否符合外部合作方的宗旨和业务范围？

（3）外部合作方是否存在过往行政处罚记录或可能影响资助项目开展的未决诉讼？

（4）外部合作方是否具有资质或其是否具有符合资质要求的人员，以满足合作管理拟合作项目的需要？

（5）外部合作方是否与基金会存在关联关系？外部合作方的选择流程是否符合法律和章程的相关规定？

（6）拟合作项目的受益人、执行方的选择是否符合公平、公正、公开的基本条件？是否存在捐赠人指定利害关系人为受益人的违规情形？

（7）是否存在其他的公开信息（例如不良的声誉）使得基金会与外部合作方合作可能会影响基金会的良好声誉和公信力？

（8）外部合作方是否存在可能将项目分包、转包的情况？

第二节　项目各阶段基金会的审批义务

一、立项

正如本章第一节所述,基金会项目的审批取决于项目由基金会发起还是由外部独立机构发起,基金会的项目执行团队或外部独立机构的项目执行团队将制订项目执行方案,并根据基金会的项目制度要求向基金会项目管理部门提供申请材料。项目管理部门对项目计划进行初步审核后,交由财务部对项目预算进行审核。最后由秘书处对项目方案及财务预算进行最终审批。对于根据基金会规定属于重大项目或超出基金会年度计划的项目,秘书处需将项目交由理事会审议通过。

在立项过程中,对于基金会来说,重要的合规要点在于对拟接受资助的机构进行尽职调查,包括:拟资助机构本身的合规性,是否存在信用瑕疵或诉讼记录;项目内容是否符合法律的规定,例如是否超出拟资助机构的业务范围或不符合本机构的宗旨。在实践中,有些基金会有着非常细致的对于拟资助机构的尽职调查流程,在这个流程之中,可能也会有法律顾问或财务顾问的参与。

二、项目执行过程中的合同管理

基金会与项目执行应当根据资助项目发起的具体模式,签订相应类型的合同。(项目资助协议的模板见本手册工具包编号:Ⅳ-4《项目资助协议》)。资助协议中,基金会都应当对主要涉及的交易事项、双方权利义务、基金会评估验收项目成果的标准、违约责任等条款进行明确约定。这类协议也是未来处理基金会与项目执行团队可能发生纠纷时最主要的法律依据。

为控制合同签订所带来的法律风险,基金会内部应当对包括资助协议在内的合同文书建立流程化的管理机制,并细化合同起草、合同审批、合同签订、合同履行监督及应对违约等各阶段的要求,以及基金会内部各部门的相关职责。以下,我们将梳理针对不同类型的资助协议基金会在合同管理中应当关注的合规要点(见表5)。具体合同签订的注意事项我们将在本书第七章第二节中进一步展开。

表 5　不同类型的资助协议应关注的合规要点

一般资助协议	
事项	**具体要求**
签订主体	使用基金会财产进行的捐赠,应当以基金会作为协议的签订主体
约定资助项目内容	基金会应当在资助协议中明确,项目执行团队可获资助的活动类型,并尽量确保内容具有明确性,避免嗣后产生纠纷
约定资助资金的划拨方式	基金会应当在资助协议中,就资助款项划拨的前提(例如项目执行团队应当满足的前置条件)、划拨的期限等事项予以明晰
关联交易声明	如基金会与项目执行方之间存在关联关系的,则应当在协议中声明,有关本次资助事项不涉及不正当的关联交易并依法履行信息公开
审查	基金会应当坚持合同文本“先审后签”原则。资助协议经项目部、法务部审查通过后,方可进行签订
档案管理	资助协议签订后,基金会内部应当将其归入专门建项的合同档案文件中
公益创投资助协议	
事项	**具体要求**
签订主体	同前述“资助协议”签订情况类似,公益创投资助协议的签订主体也应当为基金会
资金拨付	公益创投资助协议中,资助款项通常将分批拨付,且拨付前,基金会通常需要对项目的执行情况进行督导评价,因此,我们建议在该种资助项目发起模式下,基金会应当对项目的审批标准、资金给付的前置条件、资金给付的比例等进行更为细化的约定,以明确双方的权利义务
创投项目的终止情形及相关善后	公益创投项目的执行,需要基金会对项目提供长期的、常态化的沟通指导,并可能根据接受资助款项机构的表现,决定是否维持创投关系。为避免争议,我们建议在创投协议中对于创投项目的终止条件进行明确约定,并明确是否会提前收回创投的资助基金
关联交易声明	如基金会与项目执行方之间存在关联关系的,则应当在协议中声明,有关本次资助事项不涉及不正当的关联交易并依法履行信息公开
审查	基金会应当坚持合同文本“先审后签”原则。公益创投资助协议经项目部、法务部审查通过后,方可进行签订
档案管理	公益创投资助协议签订后,基金会内部应当将其归入专门建项的合同档案文件中

三、项目评估

项目的评估贯穿于整个项目管理,对项目执行起到监督管理的作用。评估工作一般由项目管理部负责牵头,可委托独立第三方进行。所有的评估内容,包括中期评估、结项评估应交秘书处审核。

四、结项

项目执行结束后,项目执行团队应总结项目工作,出具结项报告,经项目管理部审核,以及财务部对项目资金使用情况进行财务审核后,由秘书长审批正式结项。此外,秘书长应将重大项目的结项情况向理事会汇报(见图11)。

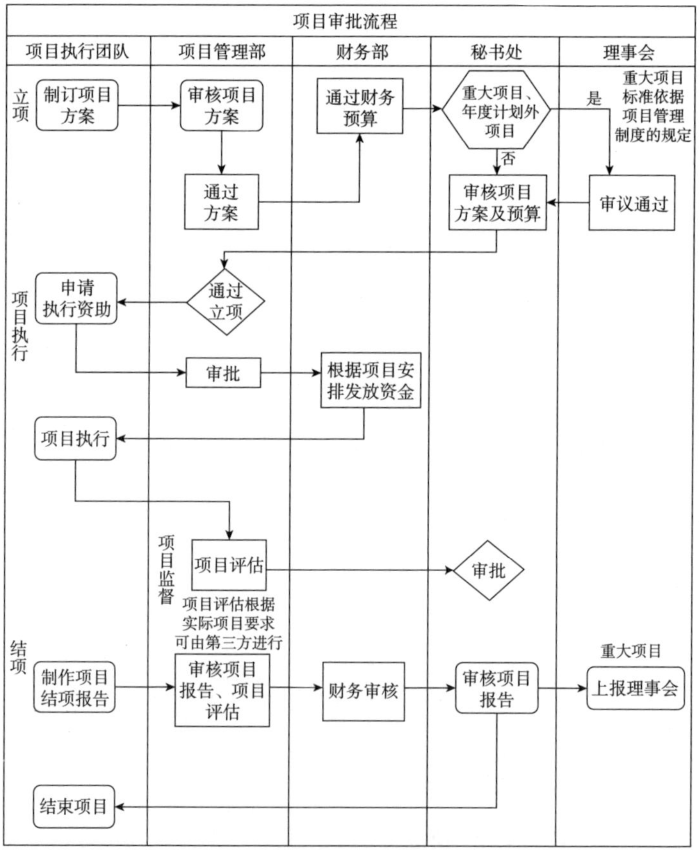

图11　项目内部审批简易流程图

第六章　立　　项

【章节概要】资助项目按照发起主体的类型，可划分为基金会自身发起的资助项目与外部合作方发起的资助项目。

本章将对这种项目的立项流程、立项审核重点以及申请文件进行介绍。

此外，本章还将专门介绍资助型基金会经常使用的慈善工具——“专项基金”的设立程序和管理模式。

第一节　基金会自身发起项目立项

一、前期调研阶段

基金会在有了明确的使命愿景与目标后，并不是领导看见什么社会问题就立刻开展一个资助项目。比如，专注于心理健康的基金会，认为留守儿童缺乏相应的心理健康干预，就开展直接去县域城市建立心理咨询室的项目。这样的资助并不一定是一个高效的资助，它可能存在重复资助的问题，建立心理咨询室可能并不是高效的干预方式，这个项目可能无法落地。因此，基金会在正式立项前需要进行相应的前期调研，其中既包括收集足够的数据与信息，也包括与专家、一线工作人员交流以获得对社会问题的强洞察，还需要对服务对象进行需求评估。一般的分工流程为：项目部门尝试挖掘公益需求或社会问题，同时采用访谈、问卷、焦点小组等多种方式深入了解现存需求和问题，调查这些问题是否得到解决、解决的程度如何以及需求群体期待哪些支持等；通过信息收集、论证、总结，项目部门会对资助目标、资助对象标准、基金会模式以及预期效益等要素形成比较清晰的认识，最后撰写调研报告，搭建资助框架，为后续的项目设计工作奠定理论基础,搭建工作框架。相关的流程整理如图 12 所示。

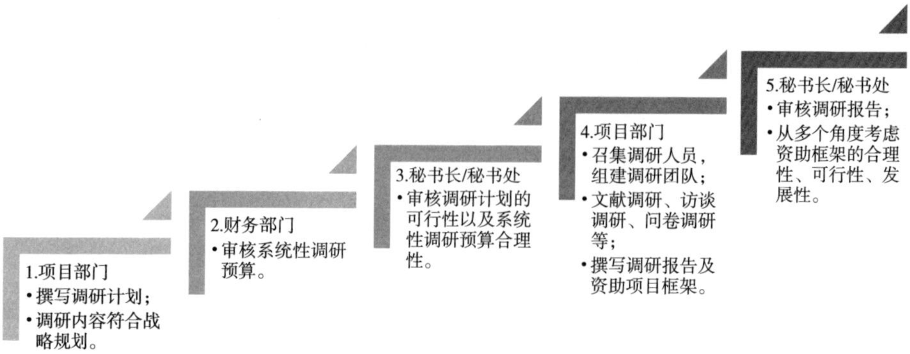

图 12　调研流程

调研报告撰写后,项目部门根据基金会项目管理制度的规定向秘书处/秘书长进行汇报,而审核调研报告应着重关注三点问题:首先,确定调研的方向是否在基金会战略规划框架之下,包括所调查的需求和问题是否符合基金会的宗旨与业务范围,调研对象是否与基金会的资助领域有关联等。其次,判断审查调研报告的分析与论证是否科学、合理。最后,如已经有与资助领域相近的资助项目时,还需要考虑不同资助项目的关系,避免出现两个资助项目的目标和实施相似甚至相同的情况。

二、项目设计阶段

经前期调研,对服务对象的需求和社会问题进行了充分的分析后,项目部门可着手组成项目团队设计项目。设计项目时,项目部门可以先从项目顶层梳理开始,再逐步细化到资助项目的各个方面,包括定位、目标、资助对象标准、评估指标、预算以及捐赠方的特殊要求(若有)等。一个好的项目方案应当是具有相应的可行性、回应服务对象需求和能够实现项目目标的。其中可行性一般是要求具有相应经验或者项目逻辑得到过验证的,能够实现项目目标则要求项目执行的关键指标能够实现项目目标。同时,项目部门可以征询有关部门对项目设计方案的意见,例如咨询财务部门对项目预算的意见,或咨询内部专业委员会的意见。同时,基金会还可以考虑寻求外部力量,征询其他专业咨询机构(例如公益项目咨询、财务咨询或法律咨询等)或外界专业人士就项目方案的意见。

图 13 为项目方案的设计过程。关于项目方案的模板请见本手册合规工具包Ⅴ－1 和Ⅴ－2。

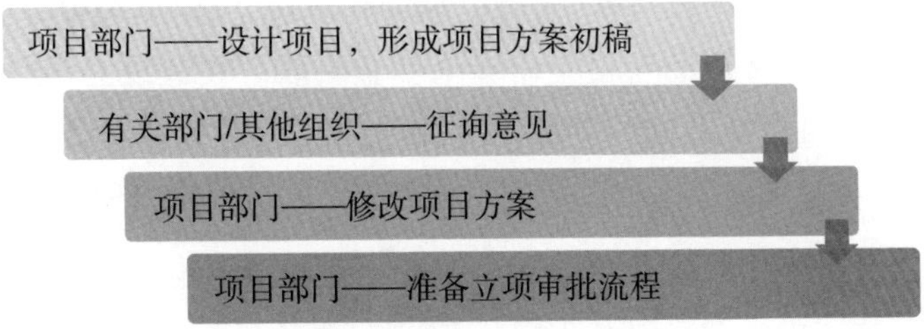

图 13　项目方案的设计

三、立项审批阶段

对于立项审批程序，基金会可以根据自身的情况建立项目审批机制并将其体现在基金会项目管理制度中（见本手册合规工具包编号：Ⅱ－1《公益项目管理制度》）。一般情况下，立项审批需要经过项目部门内部审核、财务部门核查、秘书处/秘书长审批三个流程。如果属于重大公益项目（如项目资金较大或者周期较长），秘书长应把该项目立项作为议案提请理事会批准。具体的审批流程如图 14 所示。

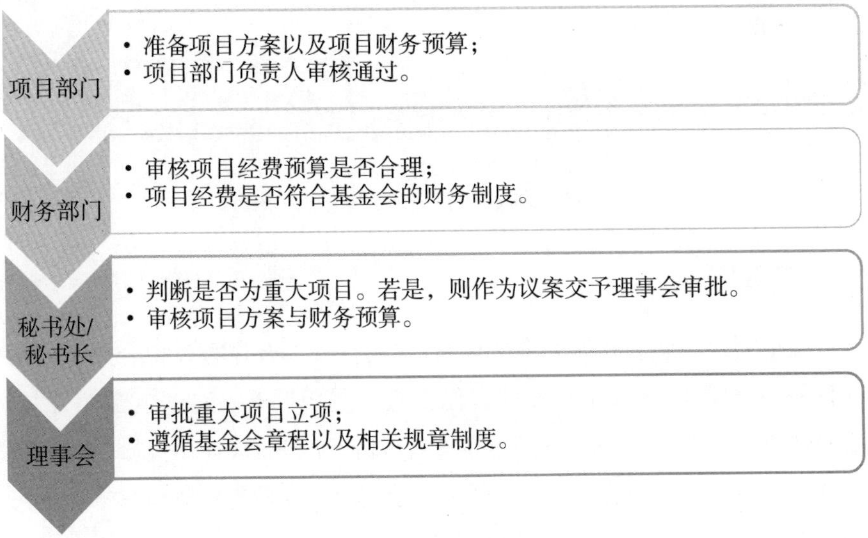

图 14　立项审核流程

审查项目方案时，秘书长要考虑到尊重捐赠人的意愿和项目覆盖群体的实际需求，也要判断项目目标/使命是否与基金会项目战略规划相一致，同时还要充分衡量项目的公益性、可行性、实效性及持续性，坚持项目实施效益最大化原则。另外，实践中许多资助项目是由多个基金会联合发起设立，合规开展这类活动主要在于各基金会共同明确分工合作、执行团队、监管方式、成果形式等。例如由南都公益基金会、深圳壹基金公益基金会、中国扶贫基金会、敦和基金会、阿里巴巴公益与北京瑞森德筹款研究中心于 2015 年联合发起“公益筹款人联盟项目”并共同投入资金与专业资源，该项目初始是委托瑞森德团队执行，目前是由新设的社会服务机构上海静安区方德瑞信社会公益创新发展中心负责运作项目。

第二节　外部发起、共同管理的资助项目的立项流程

除了单设独立资助项目，基金会也可以与外部合作方共同发起、管理资助项目。外部发起、共同管理的资助项目的立项，与基金会内部项目类似，同样需要依据基金会内部的规章制度以及审批流程发起申请。一般情况下，基金会的审批流程如图 15 所示。

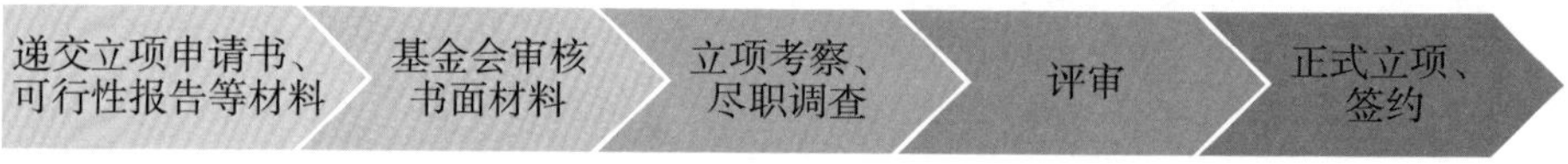

图 15　项目审核流程图(项目执行方发起)

一、前期调研

为保证项目实施和开展的合法合规，在选择外部合作方及拟合作意向的资助项目前，基金会应当首先对外部合作方进行尽职调查。对基金会而言，一个合适而理想的合作方，不仅其自身的法律合规情况和等级评估资质应当保持较为良好的记录，同时，该合作方的宗旨和业务范围，乃至其使命和愿景应当与基金会契合。在前期调研中，基金会可重点考察如下方面：

1. 外部申请方整体情况

基金会应当在前期对外部合作方开展尽职调查。(具体请见本书第五章第一节),尽职调查过程中,除基本的合规情况外,基金会还需特别关注如下问题:

(1)外部申请方是否认同基金会的使命与宗旨?

(2)外部申请方在登记管理机关处登记的宗旨和业务范围是否与拟开展的合作项目相一致?

(3)外部申请方是否参与过社会组织等级评估? 等级评估情况如何?

(4)外部申请方是否具有良好的项目运作能力?

(5)外部申请方是否与基金会之间存在关联关系;如本次合作可能构成关联交易的,则该类关联交易是否存在不正当情形?

(6)外部申请方是否为一个适格的合同主体(例如,有些未经登记的志愿者团体,不得以团体的名称对外签订合同)。

2. 外部申请方对资金的要求

基金会需要判断:(1)拟立项的合作项目拟申请的资金额度是否符合基金会内部资金使用规定? (2)拟立项的合作项目是否已经具有初步的资金使用预算方案?

二、项目设计阶段

前期调研完成后,如基金会确认外部合作方与其自身宗旨和业务范围契合,拟达成进一步的合作意向,基金会应与外部合作方合作成立专门的项目执行团队,细化分析资助项目定位、资助对象标准和甄选程序、资助项目的整体预算及捐赠人的相关意愿。具体流程可以参考本章第一节有关项目设计阶段的论述。

在设计项目具体方案时,基金会需要特别注意以下问题:

(1)项目是否需求分析严谨,体现社会需求并具有积极的社会价值?

(2)是否具有可持续性,能够产生积极的社会效益?

(3)是否确定了明确的受益群体及某一特定可持续发展目标,并有事实依据佐证其社会效益?

(4)是否制定了公正、公开透明的受益人甄选程序?

(5)是否具有社会创新性,具有清晰的发展模式,注重提升自身运营能力和创新能力,注重跨界合作和自我造血,有可持续的社会需求和资源供给?

(6)是否具有推广复制性,注重传播效果,针对的社会问题具有公共性,有较为完善的行动策略和标准化运营模式,在条件类似的领域和社区有示范和推广价值?

三、立项审批阶段

基金会可根据自身情况,对于由外部合作方发起的项目,设置相应的立项审批程序。立项审批程序的流程可以参考本章第一节中基金会发起项目的流程进行。而为了尽可能降低外部申请方可能给基金会项目管理带来的不可控,在遵守基金会项目审批的一般制度的同时,基金会还可额外要求外部申请方提供更为详细的项目申请书。项目申请书的内容应包括机构信息和项目实施方案。除此之外,基金会还可要求外部合作方联合基金会内部的项目管理部门,共同提交项目可行性研究报告,项目可行性研究报告至少包括如下内容:(1)项目建设的必要性和依据;(2)项目拟开展的场所、拟建规模、预算和资金筹措方案;(3)社会效益、经济效益和生态效益的初步分析;(4)项目建设的管理模式;(5)单位简介、联系方式等必要事项;(6)其他事项。

四、基金会与外部申请方的权责分配

外部发起、共同管理的资助项目在投入执行前,基金会和外部合作方首先应当通过协议形式对双方间的权责进行明确。而其中,最核心的问题就是双方如何分摊资助项目,包括资助资金、人力等在内的各项成本的支出。实践中,基金会与外部合作方间有如下两种合作模式(见图 16)。

由图 16 可知,模式 1 中,基金会是资金的实际提供方,外部申请方尽管承担着项目管理的成本。但相较于基金会,其可能并不享有对于项目资金使用和分配以及项目执行方选择的最高决定权。而在模式 2 下,外部申请方既是项目的发起方之一,也是基金会的捐赠人。实践中,不少外部申请方会将模式 2 以设立基金会下专项基金的方式施行。在该种机制下,外部申请方和基金会可以共同组成管理委员会,参与资助资金管理、项目评估等事项的管理决策。

模式1：基金会提供资助资金，外部合作方承担项目管理的人力和财力成本

- 基金会向选定的项目执行方或者受益群体提供资助款项
- 外部合作方承担项目运作期间的监督、管理、评估的人力和财力成本

模式2：外部合作方向基金会首先捐赠资助资金，基金会承担项目管理的主要成本

- 外部合作方（例如企业）首先向基金会进行捐赠，并在捐赠协议中约定相应捐赠款项的具体用途
- 基金会作为联合发起方，负责承担项目运作期间的监督、管理、评估的人力成本；同时负责向项目执行方或者受益群体拨付资助款项

图16 外部发起、共同管理项目中的合作模式

在确认双方的合作模式后，基金会和外部申请方应起草具体的发起合作协议条款，并按照基金会和外部申请方各自的合同审批流程进行审核和签订。以下，我们就不同的合作模式，梳理了合同起草中应当注意的重点合规事项，以供参考（见表6）。

表6 不同的合作模式下合同起草应当注意的重点合规事项

模式1：基金会提供资助资金，外部合作方承担项目管理的人力和财力成本	
事项	**具体合规要点**
资金拨付及项目管理的终审权	鉴于基金会直接拨付使用其慈善财产，为确保合规性，基金会应当对项目资金的拨付以及项目执行方/最终受益人的评选标准和流程享有最终审核权，外部申请方可享有资金拨付的初审权限
关联交易声明及反贿赂条款	资金的往来属于法律法规中定义的典型的交易。为确保资助项目的最终受益人、项目执行方与基金会和外部申请方之间不存在不正当的关联交易，除前期的调研和尽职调查之外，我们建议在协议中明确约定：(1)双方不得与项目执行方或其工作人员存在任何形式的贿赂行为；(2)本项目的发起及合作不涉及任何形式的、不正当的关联交易
声誉和品牌的维护	协议中应明确，外部申请方不应有任何破坏基金会声誉和品牌的行为，不得利用本项目名义从事商业活动
项目执行方的甄选流程和标准及信息公示	双方应在协议中列明项目执行方的甄选标准和甄选流程，并约定向社会公示的时间节点及渠道，确保该程序的公平、公正、公开

续表

模式2:外部合作方向基金会首先捐赠资助资金,基金会承担项目管理的主要成本	
事项	**具体合规要点**
财产的合法性	基金会应当进行审慎调查,确认外部合作方所捐赠的财产系其合法财产
项目管理决策的权限	双方可参照合规工具包中《专项基金管理办法》(编号:Ⅱ-2《专项基金管理办法》)项下有关管理机构的约定,共同组成管理机构,参与项目执行方/受益人的甄选流程、标准制定及资金拨付的决策
资金用途的限定	双方应在协议中明确,外部申请方捐赠款项的用途应当仅限于协议所涉项目的使用
关联交易声明及反贿赂条款	如模式1中所述,为确保资助项目的最终受益人、项目执行方与基金会和外部申请方之间不存在不正当的关联交易,除却前期的调研和尽职调查之外,我们建议在协议中要求协议双方声明:(1)双方不得与项目执行方或其工作人员存在任何形式的贿赂行为;(2)本项目的发起及合作不涉及任何形式的、不正当的关联交易
声誉和品牌的维护	协议中应明确,双方均不得做出有损协议相对方声誉和品牌的行为,不得利用本项目名义从事商业活动
项目执行方的甄选流程和标准及信息公示	双方应在协议中列明项目执行方以及最终受益人的甄选标准和甄选流程,并约定向社会公示的时间节点及渠道,确保该程序的公平、公正、公开

第三节　外部发起人发起设立专项基金

对于想投入资金从事公益事业的资助方而言,如其已经有了特定的慈善目标和希望进行资助的公益领域,但是尚未形成具体的项目构想,特别是还未决定是否成立专门的团队以独立法人的形式运作公益项目时,则可以考虑与基金会合作,成立专项基金。

除了在前文第二章第三节对专项基金设立、执行、管理以及合规所作出的讨论之外,本小节主要讨论想投入资金从事公益事业的资助方在选择专项基金作为慈善工具时,应当注意的合规事项。

一、如何选择合适的基金会进行合作?

发起人在选择设立专项基金的基金会时,应当首先考察该基金会的业务范围及宗旨是否与发起人确定的慈善目标或拟开展资助活动的慈善领域相契合。除此之外,基金会过往对于专项基金的运营经验、运营合规情况以及专项基金的原始基金数额,同样应当作为选择合作的基金会时重要的考量维度。同时,兼顾思考专项基金的捐赠款项的来源是否可能来自公开募捐。

举例来说,如果一个企业希望资助妇女儿童权益类的公益慈善项目,并且在未来,企业希望专项基金的资金来源可以多样化(而非单一源自该企业的捐赠),则其在选择基金会合作伙伴的时候,如下几点是最基本的考虑要素,包括:

(1)基金会业务范围是否包含妇女儿童权益保护。由于超业务范围开展活动对于基金会来说是严重的违法行为。若基金会的业务范围不能涵盖企业拟开展的全部公益慈善项目,则未来的项目开展可能由于存在合规瑕疵而被叫停。

(2)基金会是否有专项基金的管理经验。许多具有公开募捐资格的基金会都有专项基金设立及管理的经验。对于这类基金会而言,专项基金设立、执行和管理的流程较为成熟,并且往往有专人管理各个下设专项基金。这类基金会容易理解企业的诉求,也可以降低企业与基金会的沟通成本,增加后续的公益项目的执行效率。

(3)基金会具有公开募捐资格。有公开募捐资格的基金会,其下设的专项基金具有公开募捐的功能。在履行法律要求的备案和信息公开的前提下,可以为专项基金提供可持续的资金来源。

二、决策机制

法律对于专项基金的决策机制没有强制规定或明确要求。在绝大多数情况下,由专项基金的发起人与基金会在专项基金设立协议中进行约定关于专项基金的决策机制,其可以考虑如下几个方面:

(1)决策机构的组成,包括决策机构的名称(例如××专项基金管理委员会等)、决策机构的组成人数、发起人和/或基金会方任命的代表等。由于基金会对于专项基金存在法定的监督管理义务，决策机构的主要角色（例如管委会主任）往往由基金会任命。

（2）决策机构的权责，包括决定资助方向，公益慈善项目的设立、执行、管理、监督、信息公开等具体工作。

（3）决策形成的流程，包括决策会议的召集和召开流程、会议的有效人数、一般事项表决和重大事项表决流程、一票否决权的约定等。

（4）决策机构的监督机构，基金会对于专项基金有法定的监督管理义务。故而基金会以及内设机构（例如秘书处等）会根据法律规定、基金会的专项基金管理制度以及专项基金设立协议对专项基金会的决策机构进行专项基金的决策进行监督。

在专项基金设立协议中，约定清晰、合理的决策机构以及决策机构的权限，有助于确保专项基金的合规、提高专项基金的运作效率、避免发起人和基金会在日后产生争议。

三、选择专项基金形式的其他考量要点

外部发起人选择经过基金会下设专项基金的形式践行其社会责任前，往往需要经过较为周详的决策判断，包括：分析专项基金相较于设立独立基金会或直接捐赠的利弊等。当为专项基金选定潜在的基金会合作伙伴后，外部发起人需要结合自己拟实现的公益目的，判断即将设立的专项基金是否可以满足这些公益目的。这些考量的角度往往具有实践性，提前了解并考虑他们，有助于外部发起人未来更顺畅地与基金会开展专项基金合作。

1. 专项基金的管理成本

基金会下设专项基金需要投入一定的人力物力进行管理，故而发起人和基金会一般会在专项基金设立协议中约定专项基金的管理成本。管理成本常常不是固定的数字，而是会依据专项基金的合作内容而有所不同。有一些项目需要开展公开募捐活动或频繁地进行拨款，相应地，基金会的管理成本较高。而一些项目的捐赠笔数较少，捐赠数量也不大，在这种情形下，基金会的管理成本就不一定会很高。依据民政部《关于进一步加强基金会专项基金管理工作的通知》的规定，专项基金列支管理成本时，捐赠协议有约定的，按照其约定；捐赠协

议未约定的，除了为实现专项基金公益目的确有必要之外，一般不超过该专项基金年度总支出的10%。

2. 专项基金的大致运作流程

依据法律规定，专项基金收到的捐赠财产应当按专项基金设立协议约定的设立目的专款专用。在实践中，专项基金的资金管理涉及资金募集、项目设计、立项申请、项目拨款、项目审计和项目监管等多个环节。发起人应在专项基金协议签订前，了解基金会内部关于前述事项的管理规定和操作流程，便于对未来专项基金的运作，特别是对财务规范流程有一定的理解。

3. 专项基金的合规要点

尽管基金会对于下设专项基金有法定的严格监管义务，但专项基金的设立和合规运作很大程度上也需要发起人对于专项基金的性质以及合规要点的理解，包括：(1)专项基金不具备独立的法人资格，不能以独立组织的名义开展活动，不能有独立账户和印章，必须接受基金会的统一管理；(2)专项基金要使用带有基金会全称的规范名称；(3)事先对专项基金的终止条件和剩余财产的处理进行约定，避免在专项基金的终止阶段发生纠纷。

第七章　如何选好项目执行方

【章节概要】本章将具体从法律合规的角度介绍如何对项目执行方进行审核，进行尽职调查，以选出与基金会的目标和风格相契合、符合资助项目要求的好项目。

若项目由基金会自行发起，那么基金会既是项目的执行方，也是项目的资助方，则基金会需要从内部管理上监督项目执行的效果、保证项目执行质量。若是由项目执行方发起申请项目的，基金会是资助方，基金会并不第一手掌握项目的执行材料，故而需要建立一定的项目管理制度和流程，妥善地签订项目资助协议，确保能够从执行方处获得充分的材料和信息，从而对项目的整体合规进行管理。

第一节　项目执行方的主体资格要求

一、受资助方的主体资格上应当满足的要求

资助项目可以分为扶持公益组织或个人发展的项目和执行特定公益项目的项目，两类项目对于基金会的要求有所不同。

1. 扶持机构或个人发展的资助项目

(1)个人或公益机构接受资助。

在扶持公益组织或个人的项目中，接受资助的主体可以是个人或是组织。资助个人的项目通常是为培养公益人才，以解决公益行业人才短缺的问题。对于资助个人的评审标准一般会结合项目的定位和目标。较为人知晓的是北京市银杏公益基金会的“银杏计划”。北京市银杏公益基金会“银杏计划”的前身

为南都公益基金会发起的一个资助青年人突破成长瓶颈，帮助其成为公益领域的领导型人才的长期计划。“银杏计划”的定位、战略以及活动计划都非常清晰，明确评审“银杏伙伴”的标准包括三点：其一，是否具有“社会创业家精神”；其二，是否处于事业发展的瓶颈期；其三，是否能够帮助候选人实现突破。

在培育和支持公益组织的资助项目中，受资助机构一般为具有独立法人资格的非营利组织，例如社会团体、基金会、社会服务机构。

（2）社会企业接受资助的适格性。

在资助机构发展的公益项目中，资助方经常会考虑能否将“社会企业”也纳入被资助对象。比如，南都公益基金会专门设立“社会企业项目”，旨在推动社会企业理念在全社会的主流化，推动“立业为善”（Business for Good）和共益企业（B Corp）两种模式在中国落地。“社会企业项目”资助过广州市开个瓶子网络科技有限责任公司、天津育创投资管理有限公司等社会企业开展活动。用商业手段解决社会组织的社会企业会优先考虑追求社会效益，盈余也一般按照其社会目标再投入自身业务。但从法律组织形式上，中国目前自称或被认证为社会企业的机构，既有社会组织，也有公司。如果是作为社会组织登记注册的，当然没有什么问题；如果是按照营利法人登记的，那么需要特别关注这个适格性问题。当项目执行方为社会企业时，为保障项目公益性，资助方会选择由业务范围契合的非营利组织（慈善组织更好）作为资金监管、项目监管机构。

就企业是否可以作为接受基金会资助的主体的问题，学界和实务界对此仍然存在争议。笔者认为，如果项目资助的是企业执行的公益项目，该公益项目符合慈善活动的定义，项目内容也与基金会的宗旨及业务范围相契合，则基金会资助该公益项目存在一定的合理性；如果资助项目资助的是社会企业自身的机构发展资金，考虑到一部分社会企业的性质为营利法人，基金会对营利法人的资助很可能被认为是在资助营利性活动，在没有新的法律规定出现之前，存在较为显著的法律合规风险。同时，由于企业无法出具财政部门认可的公益事业捐赠票据，因此，为证明基金会对企业的资助属于公益性支出，基金会往往还需要和当地财税部门进一步沟通，以确认对方认可的支出凭证式样。这些过程都存在实施的不确定性。从这个意义上来说，基金会资助企业的行为，虽然并未完全被法律和监管层面否定，但对基金会来说，在实践中或仍将面临一定的合规风险和障碍。也因为这些障碍，过往基金会如需要与企业开展公益项目合作，会更倾向于选择购买服务而非提供资助的方式。在有偿服务的契约关系下，企业就其提供的服务获取约定对价的报酬，因此，企业不需要再自证其开展活动之目的的纯公益性，并且可以按照通行的会计准则和相关法律法规，向基金会直接提供增值税发票作为支付凭证。同时，基金会采取以服务购买代替资助的方式，需要遵循相应的财务合规制度，以保证服务采购的公允性。

2. 执行特定公益活动的资助项目

执行特定公益活动的资助项目中，执行公益活动的主体为项目执行方。对于项目执行方的主体资格要求，一般应当为具有独立法人资格的公益性社会组织。因此在项目申请书中也会要求提交登记证书等材料证明主体资格。实践中，项目执行方也有可能为不具有独立法人资格的公益性团体，如志愿者团队、正在“孵化”的社会组织。对于这类特殊的项目执行方，基金会需要告知项目执行方通过具有法人资格的社会组织接受资助，要求其挂靠在与其业务范围契合的非营利组织下。

二、对于项目执行方履行能力的要求

按资助目标的不同，基金会的资助机构项目还可分为机构发展资助和一般项目资助。机构发展资助的定义为着眼于被资助机构的整体使命和目标，诊断其使命和目标中面临的机构发展方面的关键“瓶颈”问题，通过资助该“瓶颈”问题的突破，促进机构整体的升级和跃进的一种资助〔1〕。而一般项目资助的定义为针对社会或公益行业中的某个问题、热点，资助具备一定条件和能力的组织运作项目、开展活动，对某个领域或某类群体带来改变或影响的一种资助。

鉴于两种资助的着力点不同，所以对接受资助机构的条件和能力要求也有所不同。如果是机构发展资助，因强调支持机构成长，没有特别要求具备较强的项目实施能力。如果是一般项目资助，则需要项目执行方介绍内部管理机制、实施能力、项目实施优势等，以证明其具备与资助相符的实施能力。总的来

---

〔1〕 刘晓雪主编：《散财有道：南都公益基金会公益风险投资的理念与实践探索》，社会科学文献出版社2017年版，第37页。

说，项目执行方应当满足如图 17 所示的要求。

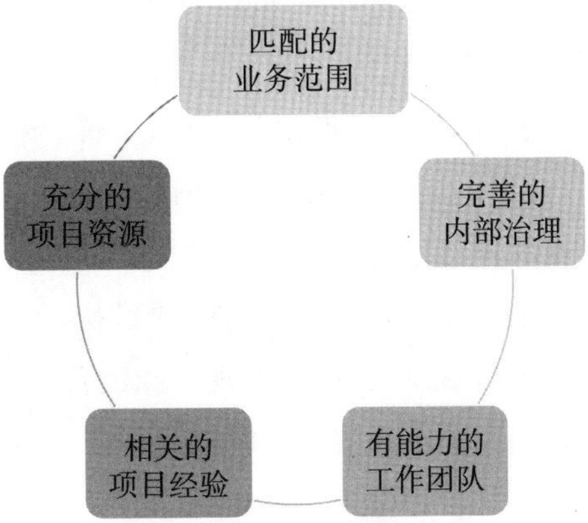

图 17　项目执行方的要求

三、应当如何对申请方进行尽职调查？申请方一般需要递交什么材料？

基金会审核申请时，一般会经过两个阶段。首先是初步筛选阶段。基金会审核申请方的书面资料，并筛除一批有与业务范围不相符、申请条件不满足、申请项目明显不具可行性或申请资料不完整等问题的申请机构。一般情况下，申请方仅需要递交项目申请书。

经过初步筛选后，基金会需要对入选的申请方进行详细的尽职调查。不过，在开展尽职调查之前，基金会需要制订尽职调查方案，明确尽职调查的范围、重点及合格项目执行方的标准，并需要考虑项目执行方的配合度。为实施尽职调查方案，可以采用电话访谈、实地考察、问卷填写等方式收集信息。之后，基于获取的信息进行分析并编写尽职调查报告(见图 18)。

图 18　尽职调查流程

尽职调查的重点主要在于以下三个方面:(1)拟定项目执行方的法律合规情况及潜在法律风险;(2)申请项目的逻辑性与发展性;(3)申请方的能力与潜力。其中,调查机构应主要围绕机构的基本情况、背景以及内部治理等方面,本书的工具包放入了《机构尽职调查问卷》以便读者了解。

总体而言,项目执行方的尽职调查的主要内容应当至少包括如下方面:

1. 项目执行方的基本信息

在尽职调查中,资助方应当首先对申请的项目执行方的主体资格进行核查。主体资格的核查,应当包括项目执行方现状和经营历史两个维度。表7梳理了这一阶段需要核查的文件及相应的尽职调查要点。

表7　主体资格的核查要点

序号	核查文件	尽职调查要点
1	项目申请方的机构登记证书/营业执照的复印件及项目执行方章程	(1)项目申请方是否为依法登记且合法存续的法人? (2)机构登记证书或营业执照及章程所载业务范围是否与项目申请方的实际业务活动情况相一致?是否与拟申请资助项目及基金会宗旨及业务范围相契合? (3)如项目申请方注册资金、名称、住所、业务范围等登记事项曾发生变更,需要进一步审查历次对以上登记事项的变更是否有相应的变更登记资料相印证;是否完成了相应的变更登记程序?
2	行业准入资质许可证明文件	(1)如拟申请的资助项目需要特殊的准入资助许可,则应确认项目申请方是否已取得此类准入资质许可? (2)相关的准入资质许可是否仍在有效期限内?距离有效期限届满的具体时间为何?
3	非营利组织免税资格和公益性捐赠税前扣除资格相关证明文件	(1)项目申请方是否具有非营利组织免税资格?该项资格是否仍在有效期内? (2)项目申请方是否具有公益性捐赠税前扣除资格?该项资格是否仍在有效期内?
4	公开募捐资格证书	(1)项目申请方是否具有公开募捐资格? (2)项目申请方是否开展过公开募捐活动?

2. 项目执行方的业务活动合规情况

项目执行方现在及过往的业务活动是否合规,可能会影响资助项目的开展。如项目执行方存在违法违规记录或其他法律风险,基金会资助行为的合法合规性也可能遭致监管部门的质疑,影响等级评估,甚至面临行政处罚风险。

因此,事前对项目执行方的业务活动合规核查至关重要。

对于资助项目的执行方,应重点关注其日常经营和财务管理情况。具体应核查的资料及要点如表8所示。

表8　资助项目的执行方应核查的资料及要点

序号	核查文件	尽职调查要点
1	最新的外部审计报告(如有)和财务报表	(1)项目执行方是否按相关法律法规要求进行了年度财务审计 (2)项目执行方慈善活动支出和管理费用是否符合法律法规的规定(如有)
2	行政处罚决定、行政处罚通知及公开渠道相关检索信息	(1)项目执行方是否有因税务、劳动、环境、消防、业务活动、安全等方面原因受到过或正在接受相应行政处罚 (2)项目执行方是否存在因重大违法违规行为而被注销登记、剥夺或限制从事某一业务的情况
3	有关拟申请项目的内部决议文件	(1)项目执行方是否按照章程所载要求,就该项目申请履行了相关的决议程序
4	银行信息证明(开户证明)及备案证明	(1)项目执行方是否有开立有效的银行账户 (2)项目执行方名下的银行账户是否已按照相关规定在登记管理机关进行了银行账户备案

3. 未决的诉讼、仲裁情况

项目执行方如果存在未决的或有较大可能发生的诉讼、仲裁情况,可能会影响其对本项目的执行能力,因此,资助方应当在事前尽职调查中对项目执行方尚未了解或者可以预见的诉讼、仲裁情况进行核查,并评估其对项目执行的实际影响。例如,如果是项目执行方作为起诉一方进行维权的,一般不认定为风险较大,但如果项目执行方作为被执行人涉及一定的执行金额的,那么应当认为风险较大。在这种情况下,应当谨慎资助。核查的相关法律文件具体包括但不限于:(1)立案通知书、传票、仲裁受理通知书或开庭通知书;(2)起诉书或仲裁申请书;(3)答辩状或仲裁答辩书;(4)判决书、调解书或仲裁裁决书、仲裁调解书。

4. 项目执行方的核心人员情况

项目执行方的核心人员的综合素质及专业能力,从很大程度上可以决定项目实际执行的质量和成果,这是项目执行方申请的主要竞争优势所在。资助方可通过核查机构负责人、财务负责人和项目负责人的简历,公开检索前述人员的相关信息，通过电话访谈对前述人员进行法律允许范围内的背景调查，确认项目核心人员。具体调查内容包括：(1)是否具有项目执行所要求的专业能力和资质许可要求；(2)项目执行方的机构负责人、财务负责人和项目负责人等人员是否存在行政乃至刑事处罚记录；(3)项目执行方及项目执行方的核心人员是否存在违反从业人员自律和道德规范，引发公众不良舆论的事件。

5. 项目执行方其他重要信息披露

在事前尽职调查中，资助方还应要求项目执行方披露如下信息，并进行核查：

(1)关联交易。

根据《慈善组织信息公开办法》第十三条的规定，接受重要关联方的捐赠属于典型的关联交易类型。因此，如执行方是基金会或其他资金提供者的关联方，则其参与资助项目的执行，将构成关联交易。关联交易的合规性也是民政部门等政府主管机关的监管重点。不合规的关联交易甚至可能构成“损害捐赠人、社会组织的利益和社会公共利益”“私分、侵占社会组织的财产”，从而造成被行政处罚和严重的公众信任危机。因此，在事前尽职调查阶段，资助方应当要求申请项目执行方的机构主动披露信息，申报与基金会或其他资金提供者间的利害关系。资助方应进一步判断，与该项目执行方合作是否可能存在法律禁止、限制的关联交易，并再次核查有关项目执行方的甄选流程和标准是否做到公开、公平、公正。

那么，资助方应当如何识别可能存在的关联方呢？根据《〈民间非营利组织会计制度〉若干问题的解释》第十二条及《慈善组织信息公开办法》第四条的规定，在资助项目架构下，构成基金会的重要关联方的个人及组织包括：①基金会的设立人(发起人)；②基金会的主要捐赠人；③基金会的管理人员；④与基金会存在控制〔1〕、共同控制〔2〕或施加重大影响〔3〕的个人或组织。

---

〔1〕 参考《企业会计准则第33号——合并财务报表》第七条的规定，控制是指设立人/管理方/投资方拥有对被设立人/被管理方/被投资方的权力，通过参与被设立人/被管理方/被投资方的相关活动而享有可变回报，并且有能力运用对被设立人/被管理方/被投资方的权力影响其相关活动的重要决策。

〔2〕 参考《企业会计准则第40号——合营安排》第五条的规定，共同控制，是指按照相关约定对某项安排所共有的控制，并且该安排的相关活动必须经过分享控制权的参与方一致同意后才能决策。

〔3〕 参考《企业会计准则第2号——长期股权投资》第二条的规定，重大影响，是指设立人/管理方/投资方对被投资单位的财务和经营政策有参与决策的权力，但并不能够控制或者与其他方一起共同控制这些政策的制定。

除以上重要关联方外，以下个人及组织也将构成民间非营利组织的关联方，包括：①基金会设立人（发起人）所属企业集团的其他成员单位；②由基金会的设立人设立的其他民间非营利组织；③基金会的关键管理人员的关系密切的家庭成员；④基金会的关键管理人员或与其关系密切的家庭成员控制、共同控制或施加重大影响的企业；⑤基金会的关键管理人员或与其关系密切的家庭成员设立的其他民间非营利组织。

（2）项目执行方的转包和分包行为。

为了保证项目执行的质量，项目执行方的项目整体转包一般是被资助方禁止，项目执行方的执行活动的部分分包一般也会被合同所限制。一些合同会约定，只有在具有合理理由且获得资助方的书面同意的情况下，项目执行方才能将项目执行的部分内容进行分包。同时，资助方还应要求项目执行方按照资助方对项目执行方进行尽职调查的标准，对执行分包方进行尽职调查，并向资助方披露。资助方在收到项目执行方报告后，应进一步核查执行分包方的法律合规情况和相应资质，确保其有执行资助项目的能力。

第二节　与项目执行方签署的合同文件

一、项目资助协议

在确定项目执行方后，基金会应当与项目执行方签署项目资助协议。资助协议由基金会与项目执行方签署，核心合规要点在于资金用途、财务管理、项目实施与评估、双方权利义务以及违约责任等方面，是基金会与项目执行方最重要的法律文件。

实践中，正如前文对项目执行方主体资格的探讨，在项目执行方不具有主体资格或者为营利性机构的情况下，出于财务安全与合规的要求，在基金会与项目执行方之间可能会增加一方作为资金托管方，从而形成三方项目资助协议。另外，基金会的捐赠人要求发起项目，捐赠人出于对项目执行知情权和监督权的考虑，也可能会要求参与签订资助协议，从而形成由捐赠人、基金会和项目执行方三方共同签署的资助协议。项目资助协议见本手册合规工具包编号：

Ⅳ-4《项目资助协议》。

另外,考虑到项目资助协议中多数条款与项目的内容紧密联系,因此实施项目资助协议有必要将项目申请书/项目方案、项目预算等内容作为协议附件。须提示一点,在签署资助协议之前,基金会应当按照内部的审核流程,由法务部门最终审核同意。

二、资助协议中的合规要点

通常,项目资助协议包含项目资金用途、拨付方式、项目评估、基金会与受助方的权利义务、知识产权、违约责任、协议解除与终止等要素。作为资助方,在签署项目资助协议时应当注意如下合规要点(见图 19):

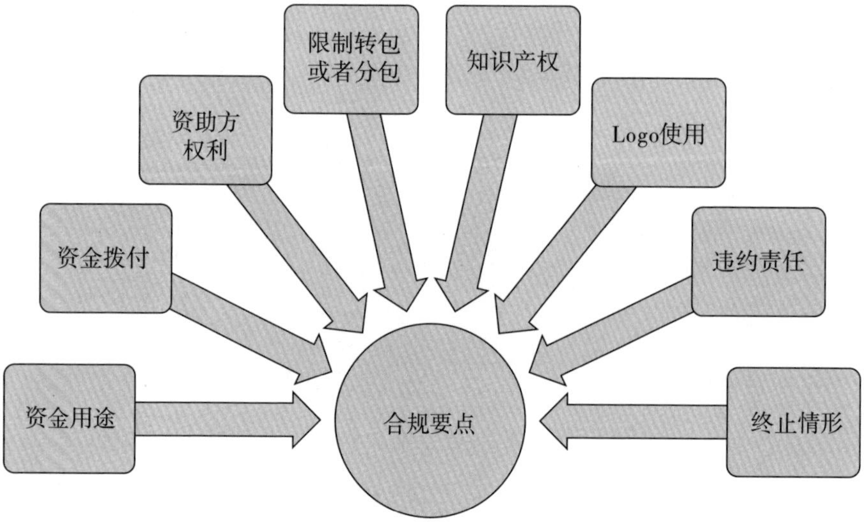

图 19　资助协议的合规要点

(1)明确资助款项的用途。捐赠款项的使用应当按照项目预算、项目方案进行,受助方未经资助方的同意不得擅自变更资金用途,否则应承担违约责任。

(2)明确资助款项的拨付。为监督项目实施,资助方一次性拨付资金的情形不多,大多分成两期或三期拨付。例如,双方签署资助协议后,资助方拨付30%;当项目执行方提交项目中期报告(如有)后,资助方拨付 30%;最后当项目执行方完成结项且经评估合格的,再发放尾款。另外,若受助方是社会组织的,应当要求受助方先开具捐赠票据,之后资助方发放款项。

(3)保障资助方的知情权、监督权、撤回资助权等。协议中应当把握资助方的核心权利,至少包括项目情况的知情权、项目执行的监督权以及一定情形下撤回资助的权利。

(4)限制转包和分包行为。原则上,禁止转包和限制分包,除非获得资助方的书面同意,否则不得擅自进行转包或者分包。

(5)知识产权的约定。特别是对于有作品产出的项目,比如科研项目、艺术类项目等,资助方应当明确作品知识产权的归属。

(6)明确各自名称、图标、标语等使用。在项目宣传时不可避免会使用对方的名称、图标、标语等,因此在协议中事先约定授权使用,以便之后维护自身的合法利益。

(7)明确宣传文案及话术的标准。在项目宣传时,双方应保证宣传文案和话术符合项目真实的执行情况,不存在夸大和虚构,也不存在任何有关商业目的之表述。同时,项目执行方也不得在宣传文案及对外沟通话术中以任何方式损害基金会利益。

(8)明确违约责任承担之情形。当项目执行方做出有违协议的行为,应当承担继续履行、采取补救措施或者赔偿损失等违约责任。对于违约可能造成的损失,双方可以提前约定一定数额作为违约金,以保障守约方的权益。

(9)明确提前终止的情形及救济途径。资助协议中应当明确约定哪些情况下或发生哪些事件,资助方有权终止资助协议,并撤回资助;从而在发生项目执行方未按照协议约定使用资助款项的情况下,具有救济途径,且能够最快和最大限度地止损。

第三部分
付诸实践

第八章　项目资金募集

【**章节概要**】本章从合规的角度出发，主要介绍如何募集项目资金，包括募集资金的方式以及募集资金的合规流程。

第一节　如何为项目合规地进行募捐

对于基金会而言，无论是自主开展项目还是资助项目执行方开展项目都离不开充足的资金。相比资金相对充足的企业社会责任部门，基金会在公益产业链中的地位更像高效的公益平台，一方面募集充足的资金，另一方面对接好的公益项目，将公益慈善的财产高效地用于公益慈善项目，更好地解决社会问题。因而，对于基金会而言，合理、科学、合规地募集善款，保证资助款项合法是决定资助项目成败的关键一步。

一、募捐的定义以及公开募捐与定向募捐的区别

1. 何为“募捐”？

在《慈善法》颁布前，《基金会管理条例》将基金会分为公募基金会和非公募基金会，其中有资格开展面向公众募捐的是公募基金会。在《慈善法》颁布前，基金会中只有具有公开募捐资格的基金会能向公众进行募捐。

《慈善法》出台后，进一步将“慈善募捐”规定为“慈善组织基于慈善宗旨募集财产的活动”并同时提出了一个新概念，即“慈善组织”。《慈善法》规定，慈善组织自登记之日起可以开展定向募捐；如果开展公开募捐，则应当取得公开募捐资格。

根据《慈善法》及《慈善组织认定办法》的规定[1],基金会需要登记为或认定为慈善组织。换而言之,慈善组织并非基金会的天然属性,而是一个需要申请认定才可取得的资质。由于基金会具有很强的慈善属性,《慈善法》实施后成立的基金会绝大多数均会同时登记为慈善组织,《慈善法》实施前成立的基金会也大部分会选择认定为慈善组织。

根据《慈善法》的要求,基金会从登记为慈善组织之日起即可定向募捐,获得公开募捐资格之后可以进行公开募捐。

2. 获得公开募捐资格的条件

根据《慈善法》与《慈善组织公开募捐管理办法》(以下简称《募捐管理办法》)的规定,原本已经符合公募条件的基金会可以在认定为"慈善组织"后直接申领公开募捐资格证书;基金会登记满 2 年的且认定/登记为慈善组织的,也可以申请公开募捐资格(见图 20)。[2]

3. 公开募捐与定向募捐

根据《慈善法》的规定,慈善募捐的主要形式可以分为公开募捐和定向募捐。[3] 公开募捐与定向募捐的性质与区别如表 9 所示:

公开募捐的定义为面向"不特定对象"募捐资金;定向募捐,按照法律规定应当在发起人、理事会成员等特定对象的范围内进行[4],对于定向募捐能否向发起人、理事会成员、会员(指慈善组织属性的社会团体的会员)以外的特定对象进行,由于《慈善法》未出台官方的解释文件,在实践和监管中一直存在争议。

4. 如何开展公开募捐

(1)公开募捐行为。

《慈善法》中列举了下列行为属于公开募捐行为:①在公共场所设置募捐箱;②举办面向社会公众的义演、义赛、义卖、义展、义拍、慈善晚会等;③通过广播、电视、报刊、互联网等媒体发布募捐信息;④其他公开募捐方式。上述第一、二项公开募捐方式属于实地募捐,开展募捐活动的慈善组织应当在其登记的民

---

〔1〕《慈善法》第九条;《慈善组织认定办法》第四条。

〔2〕《募捐管理办法》第五条和第九条。

〔3〕《慈善法》第二十一条。

〔4〕《慈善法》第二十八条。

政部门管辖区域内进行，确有必要在其登记的民政部门管辖区域外进行的，应当报其开展募捐活动所在地的县级以上人民政府民政部门备案。第三项募捐方式中列举的“互联网募捐”，慈善组织应当在国务院民政部门统一或者指定的慈善信息平台发布募捐信息，并可以同时在其网站发布募捐信息；所谓的“其他公开募捐方式”可以包括街头募捐、上门募捐、邮寄劝捐信函、发送劝捐电子邮件等。

公募基金会	4A以上的非公募基金会	3A以上的非公募基金会
•获得慈善组织属性➡申领公开募捐资格证书	•登记满2年＋慈善组织属性。 •满足条件： •根据法律法规和本组织章程建立规范的内部治理结构，理事会能够有效决策，负责人任职符合有关规定，理事会成员和负责人勤勉尽职，诚实守信； •理事会成员来自同一组织以及相互间存在关联关系组织的不超过1/3，相互间具有近亲属关系的没有同时在理事会任职； •理事会成员中非内地居民不超过1/3，法定代表人由内地居民担任； •秘书长为专职，理事长（会长）、秘书长不得由同一人兼任，有与本慈善组织开展活动相适应的专职工作人员； •在省级以上人民政府民政部门登记的慈善组织有3名以上监事组成的监事会； •依法办理税务登记，履行纳税义务； •申请时未纳入异常名录； •申请公开募捐资格前2年，未因违反社会组织相关法律法规受到行政处罚，没有其他违反法律、法规、国家政策行为的。	•登记满2年＋慈善组织属性。 •注册会计师出具的申请前二年的财务审计报告，包括年度慈善活动支出和年度管理费用的专项审计； •理事会关于申请公开募捐资格的会议纪要。 •满足条件： •根据法律法规和本组织章程建立规范的内部治理结构，理事会能够有效决策，负责人任职符合有关规定，理事会成员和负责人勤勉尽职，诚实守信； •理事会成员来自同一组织以及相互间存在关联关系组织的不超过1/3，相互间具有近亲属关系的没有同时在理事会任职； •理事会成员中非内地居民不超过1/3，法定代表人由内地居民担任； •秘书长为专职，理事长（会长）、秘书长不得由同一人兼任，有与本慈善组织开展活动相适应的专职工作人员； •在省级以上人民政府民政部门登记的慈善组织有3 名以上监事组成的监事会； •依法办理税务登记，履行纳税义务； •申请时未纳入异常名录； •申请公开募捐资格前2年，未因违反社会组织相关法律法规受到行政处罚，没有其他违反法律、法规、国家政策行为的。

图 20　申请公开募捐资格的条件

表9　公开募捐与定向募捐的区别

方面	公开募捐	定向募捐
对象	社会公众(具有对象的不特定性)	特定对象(发起人、理事会成员和会员)
资质	应当具有公开募捐资格	慈善组织自登记之日起可以开展定向募捐
方式	(1)在公共场所设置募捐箱; (2)举办面向社会公众的义演、义赛、义卖、义展、义拍、慈善晚会等; (3)通过广播、电视、报刊、互联网等媒体发布募捐信息; (4)其他	不得采取或者变相采取"公开募捐"所用的方式
程序	(1)制订募捐方案,方案包括:募捐目的、起止时间和地域、活动负责人姓名和办公地址、接受捐赠方式、银行账户、受益人、募得款物用途、募捐成本、剩余财产的处理等; (2)募捐方案备案(慈善组织登记的民政部门); (3)通过互联网开展公开募捐,应当在国务院民政部门同意或者指定的慈善信息平台发布募捐信息,并可以同时在其网站发布募捐信息	向募捐对象说明募捐目的、募得款物用途等事项
组织方式	在募捐活动现场或者募捐活动载体的显著位置,公布募捐组织名称、公开募捐资格证书、募捐方案、联系方式、募捐信息查询方法等	无
区域	采用设置募捐箱、开展义演、义赛等活动方式开展公开募捐的,应当在其登记的民政部区域内进行;确有必要在其登记的民政部门管辖区域外进行的,应当报其开展募捐活动所在地的县级以上人民政府民政部门备案	无

(2)公开募捐的流程。

具有公开募捐资格的基金会开展公开募捐活动,应当遵守相应的规定,履行备案手续。备案手续一般如下:

①制订募捐方案。民政部门制订了募捐方案的模板,要进行公开募捐的基金会需要在募捐方案上补全信息,募捐方案包括募捐目的、起止时间和地域、活动负责人姓名和办公地址、接受捐赠方式、银行账户、受益人、募得款物用途、募捐成本、剩余财产的处理等。

②开展公开募捐活动的十日前将募捐方案报送登记的民政部门备案。

③开展公开募捐。基金会开展公开募捐活动，应当在募捐活动现场或者募捐活动载体的显著位置公布本组织名称、公开募捐资格证书、募捐方案、联系方式、募捐信息查询方法等。

④募捐信息的公开。基金会应当定期向社会公开其募捐情况和慈善项目实施情况；公开募捐周期超过六个月的，至少每三个月公开一次募捐情况，公开募捐活动结束后三个月内应当全面公开募捐情况；慈善项目实施周期超过六个月的，至少每三个月公开一次项目实施情况，项目结束后三个月内应当全面公开项目实施情况和募得款物使用情况（见图21）。

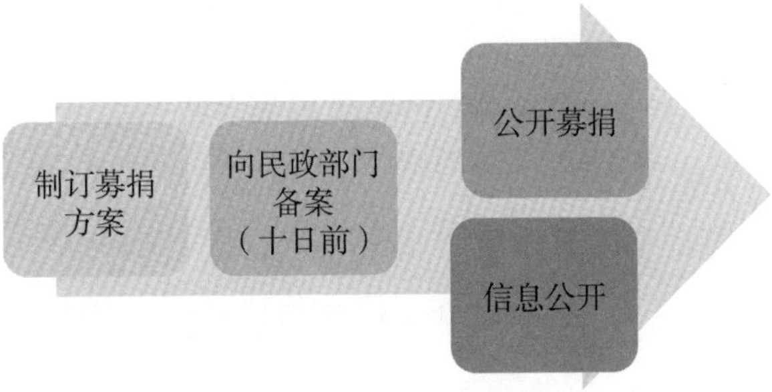

图21　公开募捐资格流程

其中在互联网上进行公开募捐的，在进行募捐方案备案前，基金会应当与民政部指定或统一的互联网募捐信息平台达成合作，在上述募捐信息平台上进行公开募捐。基金会在与公开募捐平台合作时，应当签订协议，明确双方在公开募捐信息发布、募捐事项的真实性等方面的权利和义务。

二、不具有公开募捐资格的基金会开展募捐注意事项

当不具有公开募捐资格的基金会确有需要开展公开募捐时，可以与具有公开募捐资格的慈善组织（以下简称“公募组织”）开展合作，进行公开募捐[1]。根据在“慈善中国”网站上的查询数据，截至2022年5月23日，具有公开募捐资格的慈善组织共有2521家。相较于中国的社会组织数量，具有公开募捐资格的慈善组织呈现“物以稀为贵”的情况。在腾讯公益等慈善组织互联网募捐

〔1〕《募捐管理办法》第十七条。

信息平台上公开募捐的项目并不全是公募组织所运作的项目，更多的是不具有公开募捐资格的社会组织与公募组织合作开展公开募捐活动，由公募组织接受善款，由其他社会组织负责项目运作。这样的合作是法律所允许的合规运作模式。合作形式即双方应当以公募组织名义开展公开募捐活动，接受善款的账号应为公募组织的账户，该公募组织在扣除管理费用后拨付给基金会，由基金会用于募捐方案上记载的用途。[1] 因此不具有公开募捐资格的基金会需要进行公开募捐时，应当选择一位好的合作伙伴，其主要应考量的因素为：(1)考量该合作伙伴的业务范围和宗旨是否与本机构相契合。由于公开募捐是由公募组织进行的，因此公开募捐的项目应当属于该公募组织的业务范围。例如，某基金会为某一环保资助项目募集资金，需要进行公开募捐，应当与环保类的具有公开募捐资格的慈善组织进行合作，以该组织名义公开募捐。(2)考虑管理费用是否合理。公募组织一般会收取不高于募捐总金额10%的管理成本费。因此，建议与合作伙伴前期就管理费用进行沟通。(3)考虑是通过一次性的项目合作还是设立长期的专项基金。考量的因素包括：项目的长短、品牌的建立、对公募形式的依赖程度等。

第二节　如何与捐赠人达成合作

募捐与捐赠是相对的概念。基金会向捐赠人募集款物的行为，是募捐；而捐赠人向基金会捐赠款物的行为，则是捐赠。本节则会阐述，基金会如何对捐赠进行管理？应当如何合规地接受捐赠？如何与捐赠人签订捐赠协议？

一、捐赠的性质

捐赠是一种特殊的赠与，即具有慈善目的的赠与：作为赠与，捐赠应当适用《民法典》的规定，应当具有自愿性、无偿性；作为慈善捐赠，捐赠还应当适用《公益事业捐赠法》和《慈善法》，具有慈善目的性。根据《基金会管理条例》的规

---

〔1〕《募捐管理办法》第十七条。

定，捐赠协议明确了具体使用方式的，应当根据捐赠协议的约定使用[1]；捐赠根据捐赠人对于捐赠的用途和时间是否有限制，分为限定性捐赠与非限定性捐赠。

1. 非限定性捐赠（会计概念：非限定性收入）

所谓“非限定性捐赠”可以看作捐赠人将捐赠资金捐给基金会用于基金会发展，即实施资助方的战略规划，捐赠人在捐赠时并未指明捐赠资金的用途，资助方可以在业务范围内，基于慈善宗旨及其自身规划，运用捐赠人的捐赠资金。

根据《民间非营利组织会计制度》的规定[2]，对于一项捐赠收入是限定收入或非限定收入，应当看捐赠人是否对资产设置了限制，该等限制既包括时间限制，也包括用途限制。若没有该等限制，则为非限定性收入。

2. 限定性捐赠（会计概念：限定性收入）

“限定性捐赠”是指捐赠人对于捐赠款物的使用设置了用途限制和/或时间限制。其中用途限制一般理解为捐赠人将捐赠资金捐赠给资助方用于某一资助领域，例如用于“助学项目”“养老项目”“帮助精智障碍人群”等。在限定性捐赠时，捐赠人在捐赠协议中指明捐赠资金用于基金会开展某一具体项目，其中既包括资助某一项目，也包括资助开展某一项目。

一般而言，就捐赠的运用方式和运用途径而言，非限定性捐赠给予基金会更大程度的自由，而在限定性捐赠的条件下，基金会运用捐赠资金必须符合捐赠人所表述的特定意志。

二、接受捐赠应当注意的合规内容

1. 与基金会的业务范围相契合

根据《基金会管理条例》的规定，基金会接受捐赠，应当符合章程规定的宗旨和公益活动的业务范围。[3] 因此，并非所有捐赠基金会都可以接受；基金会接受捐赠款物，尤其是限定性捐赠，应当注意审核限定性捐赠的捐赠目的及其自身状况。

---

[1] 《基金会管理条例》第二十七条。

[2] 《民间非营利组织会计制度》第六十条。

[3] 《基金会管理条例》第二十五条第一款。

在限定性捐赠中，捐赠人要求捐赠款项用于某一资助领域，基金会需要审核该资助领域是否在基金会的业务范围之内。例如，某一业务范围为“开展体育活动，促进全民健身”的基金会，面对要求用于先天性儿童的疾病治疗项目的限定性捐赠时，则该项捐赠不符合该基金会的业务范围。

2. 捐赠协议的签订

法律法规并未强制要求法人或个人向慈善组织捐赠资金或物品时必须签订书面捐赠协议。根据《慈善法》第三十九条的规定，捐赠人要求与接受捐赠的组织签订书面捐赠协议时，双方应当签订书面捐赠协议。[1]

为了明确基金会的合规运作，基金会应当在捐赠管理制度中规定签订书面捐赠协议的标准并严格执行，即多少金额以上的捐赠应当与捐赠人签订书面捐赠协议。捐赠管理制度见本手册合规工具包编号：Ⅲ－1《捐赠管理办法》。

书面捐赠协议应当包括捐赠人和慈善组织名称，捐赠财产的种类、数量、质量、用途、交付时间等内容。捐赠协议对于捐赠人和基金会而言均是主张权利的重要凭证，签订捐赠协议事实上有利于保护基金会与捐赠人双方的权益。捐款和捐物的捐赠协议模板见本手册合规工具包编号：Ⅲ－2《捐赠协议——捐款》和编号：Ⅲ－3《捐赠协议——捐物》。

3. 如何解决“诺而不捐”

根据《民法典》的规定，赠与人在赠与财产的权利转移之前可以撤销赠与[2]。由于赠与行为的无偿性，因此一般赠与行为的赠与人在未实际履行赠与之前，可以撤销赠与。但由于慈善捐赠与一般赠与相比具有特殊性，因此在捐赠人签订捐赠协议的前提下，如果捐赠人通过媒体平台公开承诺捐赠[3]，或签订了书面捐赠协议并约定该项捐赠资金用于“小慈善”范围内的慈善活动，或者捐赠

〔1〕《慈善法》第三十九条。

〔2〕《民法典》第六百五十八条。

〔3〕《慈善法》第四十一条：“捐赠人应当按照捐赠协议履行捐赠义务。捐赠人违反捐赠协议逾期未交付捐赠财产，有下列情形之一的，慈善组织或者其他接受捐赠的人可以要求交付；捐赠人拒不交付的，慈善组织和其他接受捐赠的人可以依法向人民法院申请支付令或者提起诉讼：（一）捐赠人通过广播、电视、报刊、互联网等媒体公开承诺捐赠的；（二）捐赠财产用于本法第三条第一项至第三项规定的慈善活动，并签订书面捐赠协议的。捐赠人公开承诺捐赠或者签订书面捐赠协议后经济状况显著恶化，严重影响其生产经营或者家庭生活的，经向公开承诺捐赠地或者书面捐赠协议签订地的民政部门报告并向社会公开说明情况后，可以不再履行捐赠义务。”

协议经过公证,慈善组织可以要求捐赠人交付[1],捐赠人拒不交付的,慈善组织可以向人民法院申请支付令或者提起诉讼。但在捐赠人公开承诺捐赠或者签订书面捐赠协议后经济状况显著恶化,严重影响其生产经营或者家庭生活的,经向公开承诺捐赠地或者书面捐赠协议签订地的民政部门报告并向社会公开说明情况后,可以不再履行捐赠义务。

4. 尊重捐赠人的意向

《慈善法》中多次提及捐赠人权利,明确规定基金会不得违反捐赠人的捐赠意向使用捐赠资金。

根据法律规定,捐赠人的权利包括:

(1)知情权(查询权)。捐赠人在做出捐赠行为后,依然有权通过查询、复制其捐赠财产管理使用的有关材料等方式监督其捐赠财产的使用情况,慈善组织也应当主动向捐赠人反馈有关情况。基金会开展定向募捐的,慈善组织应当及时向捐赠人告知募捐情况、募得款物的管理使用情况。[2]

(2)决定捐赠财产用途的权利。基金会应当按照捐赠协议使用捐赠财产。如果基金会确有需要改变捐赠协议约定的捐赠财产用途的,应当征得捐赠人的同意并仍需用于公益事业。确实无法征得捐赠人意见的,应当按照基金会的宗旨用于与原公益目的相近似的目的。[3]

(3)救济权。慈善组织违反捐赠协议约定滥用捐赠财产的,捐赠人要求慈善组织改正,慈善组织拒不改正的,捐赠人有权向民政部门投诉、举报或向人民法院提起诉讼。[4]

(4)个人信息保密权。根据《慈善法》的规定,捐赠人不同意公开的姓名、名称、住所、通信方式等信息,不得公开。[5] 一般情况下,我们建议基金会在公开捐赠人的全名前,先获得捐赠人的同意。如果没有这个前置程序,基金会可

---

〔1〕《慈善法》第三条:"本法所称慈善活动,是指自然人、法人和其他组织以捐赠财产或者提供服务等方式,自愿开展的下列公益活动:(一)扶贫、济困;(二)扶老、救孤、恤病、助残、优抚;(三)救助自然灾害、事故灾难和公共卫生事件等突发事件造成的损害……"

〔2〕《慈善法》第七十四条。

〔3〕《关于规范基金会行为的若干规定》第一条第七项。

〔4〕《慈善法》第四十二条。

〔5〕《慈善法》第七十六条。

以公开脱敏处理后的接受捐赠情况。

捐赠人除了享有上述权利,也有相应的规范:

(1)捐赠人捐赠的财产应当是其有权处分的合法财产。捐赠人捐赠的实物应当具有使用价值,符合安全、卫生、环保等标准。捐赠人捐赠本企业产品的,应当依法承担产品质量责任和义务。因此,对于接受捐赠的基金会来说,应当对于拟接受的财物进行必要的调查,特别是实物捐赠(例如,可以要求捐赠提供相应的进货单或生产批次信息、质量保证信息等)或大额捐赠(例如,可以检查相应的财产证明或完税证明等)。

(2)捐赠人不得指定捐赠人的利害关系人作为受益人。这是基于捐赠的公益性,不然有为私益的嫌疑。

(3)捐赠人应当按照捐赠协议履行捐赠义务。按照协议履行包括按照协议约定的时间、数额以及履行的条件履行。捐赠人在没有法定事由且符合法定程序要求的情况下,不得随意撤销捐赠。例如,一般赠与的撤销必须在赠与财产的权利转移之前行使。而对于《慈善法》第三条第一项至第三项规定的慈善活动(且已经签订捐赠协议的),即使捐赠财产没有交付,也不能随意撤销。该等捐赠撤销的法定事由包括捐赠人公开承诺捐赠或者签订书面捐赠协议后经济状况显著恶化,严重影响其生产经营或者家庭生活的,法定程序要求包括向民政部门报告并向社会公开说明情况,如此方可撤销捐赠。

(4)捐赠人不得违反捐赠的无偿性,不得对捐赠附加不合理的回报。例如,捐赠人向基金会要求在公益项目的开展过程中,为其产品或服务进行宣传。基金会也应当在接受捐赠的过程中,把握捐赠的无偿性原则,并对不合理的要求加以甄别和拒绝。

第三节　捐赠的财务和税务处理

捐赠人向基金会捐赠资金或物品,并基于此享受包括获得捐赠票据和监督权等相应的权利。除了应捐赠人要求签订书面捐赠协议,约定捐赠财产的用途和受益人范围之外,基金会接受捐赠人的捐赠后,还应当向捐赠人提供捐赠票据，保证捐赠人的知情权、监督权。

一、捐赠票据的使用及应当如何开具捐赠票据？

收到捐赠后向捐赠人开具捐赠票据是基金会的法定义务。基金会或其他慈善组织接受的所有捐赠，均应当开具由财政部门统一监（印）制的捐赠票据，捐赠票据上应当载明捐赠人、捐赠财产的种类及数量、慈善组织名称和经办人姓名、票据开具的日期等。如果是匿名捐赠或者捐赠人放弃接受捐赠票据的，基金会应当做好相关记录。[1] 捐赠票据具有以下三个方面的作用：第一，表明基金会或其他慈善组织已经收到捐赠人的捐赠；第二，在公益组织具有公益性捐赠税前扣除资格的情况下，捐赠人可凭该公益组织开具的捐赠票据享受税收优惠，捐赠票据是捐赠人享受税收优惠的凭证；第三，财务、税收、审计部门凭借捐赠票据的原始凭证对慈善组织的财务进行监督检查。

对于匿名捐赠或在捐赠协议中明确表示不需要基金会提供捐赠票据的捐赠人，基金会仍然应当做好记录。接受捐赠的基金会应当按照捐赠财产的性质、种类等对接受的财物进行登记并入账，并开具捐赠票据妥善保管，以便基金会对于捐赠的内部管理及财务、审计、税收部门对慈善组织的监督检查。[2]

二、对于特殊的捐赠如何确定捐赠价值？

随着捐赠形式的多样化，物资捐赠、股权捐赠、艺术品捐赠在当今社会屡见不鲜，应当如何确定上述实物捐赠的价值？本部分将首先分析非现金捐赠的捐赠价值。

1. 接受非现金捐赠的一般性规定

（1）对于捐赠方捐赠存货、固定资产等非现金资产，基金会应当根据《〈民间非营利组织会计制度〉若干问题的解释》及《民间非营利组织会计制度》第十六条的规定，按照实际收到的金额入账。如果捐赠方提供了有关凭据（如发票、报关单、有关协议等）的，应当按照凭据上标明的金额作为入账价值。如果凭据

---

〔1〕《慈善法》第三十八条。

〔2〕《关于规范基金会行为的若干规定》第一条第二款。

上标明的金额与受赠资产公允价值相差较大，受赠资产则应当以其公允价值作为其入账价值。

(2)对于以公允价值入账的非现金资产，其应当按照《〈民间非营利组织会计制度〉若干问题的解释》的规定，依照《民间非营利组织会计制度》第十七条规定的顺序，来确认公允价值。具体而言：①如果同类或类似资产存在活跃市场的，应当按照同类或者类似资产的市场价格确定公允价值。此处的市场价格，一般是指取得资产当日捐赠方自产物资的出厂价、捐赠方所销售物资的销售价、政府指导价、知名大型电商平台同类或者类似商品价格等。[1] ②如果同类或类似资产不存在活跃市场，或者无法找到同类或者类似资产的，应当采用合理的计价方法确定资产的公允价值。合理的计价方法，一般包括由第三方进行估价等[2]。③如果有确凿证据表明资产的公允价值确实无法可靠计量，则基金会应当设置辅助账，单独登记所取得资产的名称、数量、来源、用途等情况，并在会计报表附注中作相关披露。在以后会计期间，如果该资产的公允价值能够可靠计量，基金会应当在其能够可靠计量的会计期间予以确认，并以公允价值计量。[3]

应当注意的是，基金会接受不动产或准不动产(例如，车辆)捐赠时，应当依法办理登记手续，将不动产或准不动产的所有权转移至基金会名下。

2. 接受旧物资的捐赠

对于已经使用过的旧物资的捐赠也属于非现金捐赠，同时旧物资的价值一般难以通过购买凭证直接确定。根据《关于规范基金会行为的若干规定》和《民间非营利组织会计制度》的规定，捐赠人应当提交相应材料证明其公允价值，如果同类或者类似资产存在活跃市场的，即存在同类商品的旧物销售的，应当结合其新度和销售价格确认入账价值；如果旧物价值比较高的，则应当聘请具有合法资质的第三方机构进行评估以确认入账价值；如果收到的旧物不存在活跃市场，或无法确认其公允价值的，则基金会不得开具捐赠票据，不得确定为捐赠收入，但应当另外造册登记，妥善管理。

---

[1] 《〈民间非营利组织会计制度〉若干问题的解释》第二条第二款。
[2] 《〈民间非营利组织会计制度〉若干问题的解释》第二条第二款。
[3] 《民间非营利会计组织会计制度》第十六条。

3. 接受企业生产的物资捐赠

基金会在接受法人捐赠其所生产的物资时应当注意:一方面,因企业生产的物资没有相关采购凭据,基金会应当向企业索取能够证明物资公允价值的凭证,明确记载受赠物资的产品品名、种类、数量、规格等相关资料,以便基金会登记入账;[1]另一方面,基金会接受企业捐赠本企业生产的产品时,应当要求企业提供产品质量认证证明或产品合格证,以保证受赠物资的质量;同时,基金会应当检查其所接受的食品、药品、医疗器械等捐赠物品的有效期,保证其在到达最终受益人时仍处于保质期内且具有使用价值。

企业捐赠本企业生产的产品时,应当依法承担产品质量责任和义务。换而言之,虽然基金会为企业产品的受赠人,但企业对基金会仍然按照《民法典》侵权责任编、《产品质量法》及《消费者权益保护法》等相关法律法规,履行生产者的义务,对其所生产的产品质量负责。捐赠人作为生产者,如其捐赠的本企业产品存在质量问题、有产品瑕疵,给受益人或其他人造成损失的,捐赠人应当依法承担生产者的赔偿责任。如因产品缺陷造成受益人或其他人人身、财产损害的,捐赠人也应当依法承担产品责任及相应侵权责任。

4. 接受艺术品捐赠

根据相关法律法规规定,文物文化资产,包括艺术品,应当以具有合法资质的第三方机构的评估作为确认入账价值的依据;无法评估或经评估无法确认价格的艺术品,基金会不得计入捐赠收入,不得开具捐赠票据,应当另外造册登记。[2]

实践中,艺术品捐赠多以拍卖的方式折现后用于公益事业。雅安地震后,中国少年儿童慈善救助基金会联合多个艺术机构举行慈善捐赠书法笔会并收集笔会的全部字画作品,经统一登记造册后,全部捐赠给中华少年儿童慈善救助基金会。上述作品经公开拍卖,拍卖所得善款全部捐赠给雅安地震灾区。应当注意的是,基金会对于其所接受的艺术品捐赠,应遵守有关法律法规特别是文物保护相关法律法规的规定,依法进行变卖或者拍卖,将所得价款用于慈善

---

〔1〕《关于规范基金会行为的若干规定》第一条第五款。
〔2〕《关于规范基金会行为的若干规定》第一条第三款。

事业或捐赠人指定的捐赠项目。

5. 接受股权捐赠

股票是资本证券最常见的形式。股权即股票持有者所具有的与其拥有的股票比例相应的权益。股权捐赠是指持有股权的自然人、法人或其他组织将自己持有的股权捐赠给公益性社会组织，公益性社会组织通过变现或者分红的形式将所得现款用于慈善目的。

2009 年，财政部颁布《关于企业公益性捐赠股权有关财务问题的通知》（以下简称《捐赠股权通知》），明确个人或公司可以将其持有的股权进行慈善捐赠。[1] 同时，《捐赠股权通知》明确企业以持有股权进行捐赠的，应当视同股权转让，必须办理股权变更手续，不再对已捐赠股权行使股东权利[2]，并不得要求受赠基金会予以经济回报。公益性捐赠涉及上市公司股权的，捐赠方和受赠方应当遵照《证券法》及有关证券监管的其他规定，履行相关承诺和信息披露义务。[3] 至于股权捐赠的价值确认，个人和企业捐赠股权都按照持有股权的财产原值计算。基金会应当按照其所取得的股权的历史成本开具捐赠票据，捐赠人凭借捐赠票据享受相应的税前扣除优惠。[4]

此外，对于因接受股权捐赠形成的表决权、分红权与股权比例不一致的长期股权投资，基金会应当根据《民间非营利会计制度》第二十七条的规定，并结合经济业务实质判断是否对被投资单位具有控制、共同控制或重大影响关系。如果确实存在控制、共同控制或重大影响关系的，则基金会还应按照《〈民间非营利组织会计制度〉若干问题的解释》的相关规定，在会计报表附注中披露该关联方关系的性质、交易类型及交易要素。

三、企业和个人向具有公益性捐赠税前扣除资格的基金会捐赠如何享受税收优惠？

根据法律规定，捐赠者捐赠财产用于慈善公益事业的，依法享受税收优惠。

---

〔1〕 财政部《关于企业公益性捐赠股权有关财务问题的通知》第一条、第二条。

〔2〕 财政部《关于公益股权捐赠企业所得税政策问题的通知》第一条。

〔3〕 财政部《关于企业公益性捐赠股权有关财务问题的通知》第三条。

〔4〕 财政部《关于企业公益性捐赠股权有关财务问题的通知》第二条和《财政部、国家税务总局关于公益慈善事业捐赠个人所得税政策的公告》第二条。

但是根据我国的税收优惠政策，企业或个人直接向受助人捐赠的，不能享受税收优惠，而是应当通过享有“公益性捐赠税前扣除资格”（以下简称抵税资格）的公益机构捐赠才能享受税收优惠。也就是说，我国采取的方式是基金会先获得抵税资格，企业或个人向获得抵税资格的社会组织捐赠，依法获得税收优惠。基金会根据《关于公益性捐赠税前扣除有关事项的公告》的要求获得相应的抵税资格。按照以上规定，对于抵税资格，不再需要基金会进行申请，而是由财政部门、国家税务部门和民政部门联合确认并发布公告。尽管财税〔2008〕160 号已经废止，但某些地区还是需要基金会按照《关于公益性捐赠税前扣除有关事项的公告》的规定递交相应的材料。

对于通过具有抵税资格的基金会的公益性捐赠支出，企业或个人应提供省级以上（含省级）财政部门印制并加盖接受捐赠单位印章的公益性捐赠票据，方可按规定进行税前扣除。

捐赠人的主管税务机关会对照财政、税务、民政部门联合公布的名单予以办理，即开具捐赠票据的主体在具有抵税资格的名单内的，捐赠人的公益性捐赠支出可按照规定进行税前扣除。

企业捐赠享受税收优惠的方式，主要是通过在企业汇缴清算时，企业计算企业所得税时，可以将捐赠款项按照法律规定的方式进行税前扣除；企业所得税按年计算，按月或者按季度预缴。个人发生的公益捐赠支出可以在财产租赁所得、财产转让所得、利息股息红利所得、偶然所得（以下统称分类所得）、综合所得或者经营所得中扣除。居民个人发生的公益捐赠支出在工资薪金所得中扣除的，可以选择在预扣预缴时扣除，也可以选择在年度汇算清缴时扣除。

同时，按照《企业所得税法》和《个人所得税法》的规定，企业捐赠额在年度利润总额 12% 以内进行扣除，准予在计算应纳税所得额时扣除；超过年度利润总额 12% 的部分，准予结转以后三年内在计算应纳税所得额时扣除。个人捐赠额未超过纳税义务人申报的应纳税所得额 30% 以内扣除。

四、基金会对于接受捐赠如何进行财务处理？

1. 确定“收入”为捐赠收入

基金会适用《民间非营利组织会计制度》，对接受其他单位和个人捐赠所取得的收入计入捐赠收入，捐赠属于非交换交易的一种。对于捐赠收入，应当注意以下几点：

（1）捐赠属于非交换交易，对于通过出售物资、提供服务、授权使用或转让资产包括无形资产等交换交易取得的收入，应当记入商品销售收入、提供服务收入等相关会计科目，不得计入捐赠收入。

（2）应当按照法律规定与《民间非营利组织会计制度》确认捐赠收入的入账价值。具体分析见以上本节第二个问题中的分析。

（3）劳务捐赠不确认为捐赠收入。由于劳务捐赠的价值无法用货币计量，因此不予确认；但应当在会计附注中做相关披露。

2."限定性收入"与"非限定性收入"

基金会的捐赠收入应当按照是否存在限定分为非限定性收入和限定性收入，并设置详细科目进行详细核算。如果捐赠者对款物的使用设置了时间限制或用途限制，则该项收入应按照规定确认为限定性收入；其他收入为非限定收入。限定性收入在期末结转时转为限定性净资产；非限定性收入则相应转为非限定性净资产。

第九章　项 目 实 施

【章节概要】本章主要从合规性的角度考虑如何进行项目监测。

无论是基金会自行开展、执行的项目，还是基金会作为资助方，资助项目执行方开展项目，基金会都应当对于项目运作情况进行审核与考察。如在过程中发现项目执行方有需要改正或调整的情况，资助方可以为其提供相应的建议或整改意见。

第一节　项目实施的监测

一、中期报告

并非所有项目都需要项目执行方提交中期报告。但对于项目周期较长、资助金额较大的项目，从项目监督以及有效资助的角度来说，中期报告可作为项目监测的手段之一，且与项目资金拨付具有重大关系，因为一般中期报告审核通过后才拨付后续的项目资助资金。值得提醒的是，对项目执行方提交中期报告有要求，应当在资助合同中予以明确，包括中期报告的内容要求、形式要求、时间要求以及与中期报告提交所匹配的评估要求（例如需要项目现场督导评估），以及中期报告与评估结果与相关资助款项的拨付之间的关系。

1. 中期报告的内容

中期报告的模板见本手册合规工具包编号：Ⅴ－1《项目中期报告》。中期报告主要是项目执行方向资助方报告项目执行的情况，以及下一步安排。其中需要注意的是，项目执行情况应当与之前签订的《项目资助协议》（见本手册合规工具包编号：Ⅳ－4《项目资助协议》）中约定的内容一致，如果发生项目执行方未严格按照资助协议执行项目,则项目执行方已经违反了协议约定。

在报告所在期间内,获得并花费的资助资金,应当逐条记录,包括工资、差旅费、各类慈善项目支出。实际预算花费类别应当与项目预算表中相匹配。(如果预算类别实际花费超过了批准预算总额的比例或规定的数额,须向资助方说明理由并提出正式修改预算的申请。)

2. 中期报告的审批流程

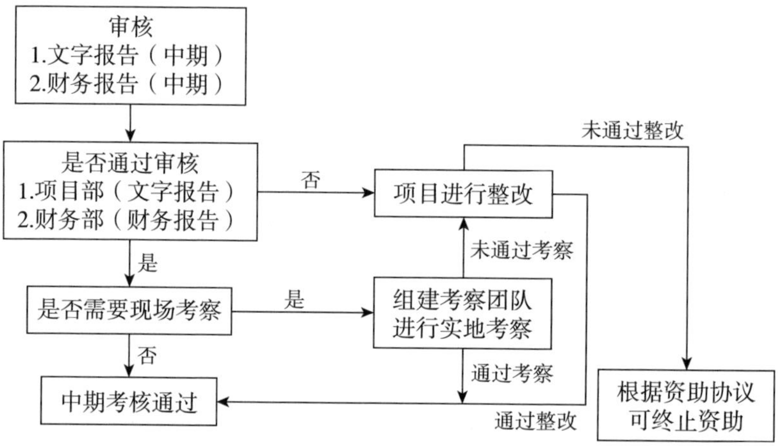

图 22 中期报告审核流程

3. 中期报告合格的要求有哪些?

项目执行方提交中期报告后,资助方应当对项目执行及中期报告进行评估,内容包括:预计目标是否实现和完成、阶段目标达成情况、执行情况是否在预算范围内、相关证明材料和记录是否完整和全面等。

资助方有权监督并审查资助款项的使用情况,如果中期报告审查不合格,资助方可以要求项目执行方提供补充材料或进行说明;补充材料后仍然不合格的,应当在资助方的监督下进行整改。必要时资助方可请第三方专家进行鉴定、实地考察等,并形成鉴定记录或实地考察记录以作为书面材料或证据。

二、哪些重大事项应当提前书面报备?

为了项目的有效执行以及合规运作,资助方应当在项目日常监测过程中承担更多主动监管之职责。如何及时、全面地把握资助项目的动态,参考我国北京和上海的重大事项报告的规定,资助方可以在项目监管中采用重大事项书面报备的方式来跟踪和了解项目实施过程中项目执行方/实施方的一些重大活动或者重大变化。

我们认为资助方在监管过程中需要着重注意以下几个方面:(1)项目执行方决策机构成员或者项目执行部门负责人发生变化;(2)举办有关资助项目中的重大活动时;(3)邀请境外机构、境外人士参加活动的;(4)项目执行方、资助方在项目执行过程中发生的关联交易;(5)项目执行方发生分包或转包情形;(6)项目内容(包括但不限于受益人、资助金额、执行方式等)发生重大变更;(7)在开展项目活动中发生的重大人员伤亡和财产损失事故;(8)项目执行方发生重大舆情,产生较大社会影响的;(9)项目执行方受到行政机关依法处罚的;(10)其他需要报告的重大事件。

值得提醒的是,若资助方希望建立上述的监管报告机制,应该通过资助合同或捐赠规则之类的资助方与项目执行方之间的共识性文件予以实现。

三、哪些情况需要实地考察? 实地考察的内容和流程有哪些?

事实上,我国法律法规并没有资助方对资助项目实地考察进行任何约定或者限制。资助方的实地考察作为项目监管的手段之一,主要由资助协议以及资助方内部项目规章制度进行约定和规范。

1. 哪些情况下需要实地考察?

(1)中期报告或者财务报告出现问题,资助方认为需要实地考察的;

(2)项目中具有里程碑式线下活动开展时;

(3)受益人或其他机构、人员对项目进行投诉、反馈的;

(4)资助方开展抽查项目并认为需要实地考察的;

(5)其他符合资助协议或资助方规章制度情形的;

(6)其他资助方认为需要开展实地考察的情况。

2. 实地考察的流程

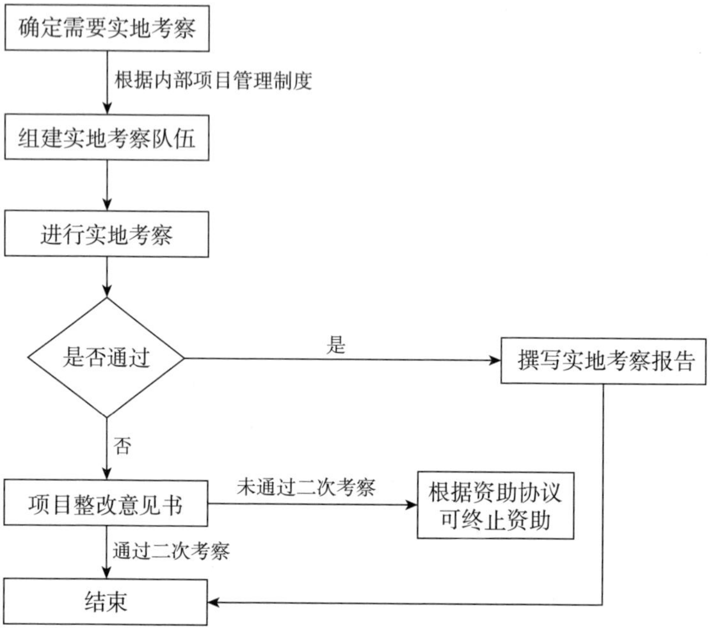

图 23　实地考察流程

3. 实地考察情况报告

《项目实地考察情况表》的模板见本手册合规工具包编号：Ⅴ－3《项目实地考察情况表》。项目实地考察报告应当由项目实地考察人员根据实际情况填写。

资助方在资助协议中，应当列明资助方拥有随时对项目开展实地考察的权利，并要求项目执行方应当给予配合（见本手册合规工具包编号：Ⅳ－4《项目资助协议》）。

第二节　项目资金的划拨与使用

一、项目资金发放/拨付流程是什么？

1.项目资金发放的流程图

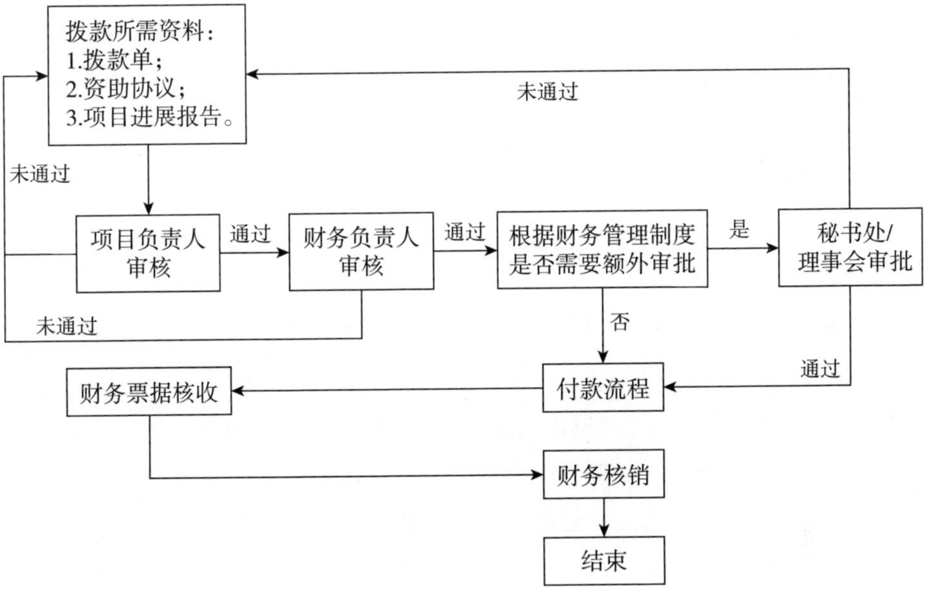

图24　项目资金拨付流程

2.拨付资助款项的合规要点

资助方在拨付资助款项时应当从两个维度考量是否合规：一是拨付资金的时间、方式、金额是否符合资助协议的约定；二是拨付资金的内部流程是否符合自身的《财务管理制度》。

正如上文所述，对外方面，资助协议应当明确项目资金的拨付条件，避免资助方与项目执行方发生相应的纠纷，带来交易风险；对内方面，基金会的财务部门、项目部门都有了明确的执行节点，财务部门可以对拨付资金在财务合规上进行审核。例如，如果根据《财务管理制度》，一笔资助款项需要机构秘书处或是理事会批准，财务部门则应确保相关的审批材料（例如，秘书处批准或理事会决议）是拨款的前置要件。

3. 捐赠票据的要求

在资助项目中，项目执行方既可能是基金会、社会服务机构、社会团体等社会组织，也可能是社会企业、民间非法人志愿团体、自然人等；加之，并非所有的社会组织都获得了领购捐赠票据的资格。因此，实践中并非所有的项目执行方都能开具捐赠票据。根据本手册第七章第一节对项目执行方主体资格的论述，对于项目执行方不能开具捐赠票据的情况，笔者建议采用三方资助协议的形式，增加一个能开具捐赠票据的非营利组织作为项目资金监管方。

二、项目资金的使用如何约定和监督？如何变更项目资金使用要求？

资助方在资助协议中应当明确项目执行方使用资金的规定，这些要求和约定一般来源于：

一是法律法规的规定。例如，《慈善法》要求慈善组织不能从事、资助危害国家安全或者社会公共利益的活动。

二是资助方的要求。除资助方会约定项目执行方应当开展与项目申请书所述目的相符的活动外，资助方还会基于其宗旨使命以及项目管理角度对项目资金做进一步约束。例如，一般资助方都会禁止项目执行方利用捐赠款用于购买任何房地产权益，包括支付与房地产有关的抵押贷款或其他置业贷款，禁止项目执行方利用赠款与烟草行业机构开展活动，禁止项目执行方利用赠款影响公众舆论或者任何部分公众舆论等或者限制捐赠资金的转捐赠。

三是资助方的捐赠人对资金的使用要求。如果该项目资金的实际捐赠人对该笔资金有使用要求，从资助方内部风险控制角度来说，资助方应当在与项目执行方的资助协议中传递相应的使用要求（合同义务的“背靠背”设定）以转移相应的法律风险。

第十章　项 目 评 估

【章节概要】本章将主要介绍基金会如何进行项目评估，以及项目评估在法律、财会和税务上的合规要点。

公益项目的实施是否取得了成效，公益资金的使用是否高效，这些问题非常重要，也不断拷问着项目执行方。资助方需要有客观的证据证明项目的有效性，不仅仅是项目执行方做了哪些工作，更重要的是项目的实施是否取得了预想的社会效果和影响。而项目评估就是为了测量项目的有效性，资助方需要根据项目的实际情况选择最为适宜的评估策略。

第一节　项目评估如何操作

一、项目评估内容介绍

1. 项目评估的方式

项目评估的方式可以分为需求评估、设计评估、过程评估、成效评估、影响评估和效率评估等六种方式，其中需求评估和设计评估均针对项目开展前期的项目调研阶段；过程评估针对项目过程；项目实施结束后进行成效评估、影响评估和效率评估。事实上，项目评估并非只发生在项目结束后，也可能发生在项目执行的各个阶段。图 25 为项目评估内容。

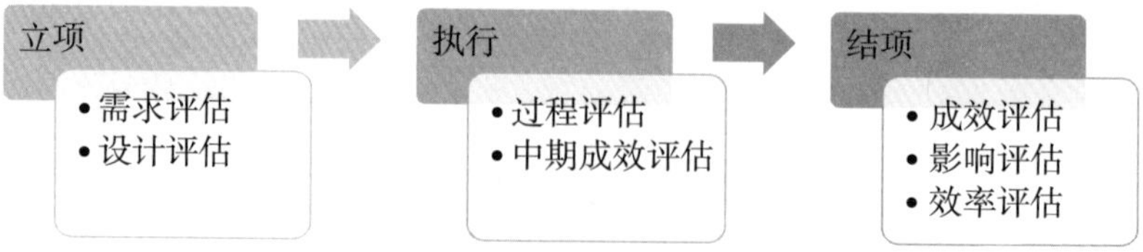

图 25　项目评估内容

(1)需求评估。

需求评估是指通过务实的分析和研究过程,对社会问题作出系统的描述和诊断。这个环节需要评估项目是否有明确的服务人群、是否有针对的社会问题、项目的潜在受益人群对于即将开展的项目是否存在实际需求,也包括评估项目的需求是否迫切等。

需求评估一般发生在立项过程中,资助方会对其关注的问题领域作出需求评估,以确认自身的资助方向,查看该问题在当下社会环境中是否存在,症结在何处。需求评估主要研究三类问题:项目对象的特征、问题的特性和对服务的反应。需求评估的内容需要注意项目服务人群对项目评估的积极参与,真实反映受益人群的需求,而非由项目人员的主观臆测来决定;同时需求评估要能够反映出普遍性需求、深层次原因,而非仅仅是个体需求。需求评估一般发生在项目立项前,因此项目执行方在向资助方申请项目过程中可以提交需求评估报告作为辅助性证据,以证明项目立项的必要性。

表 10　需求评估的主要问题

项目对象的特征	在项目开展之前,需要了解谁是项目的直接干预对象？谁是最可能遭受困难或者目前陷入困境的人群？
问题的特性	总结项目受益人群面临的问题,分析其严重程度,即目标人群对项目的需求程度; 结合现状,分析问题产生的原因; 结合调查范围,分析问题存在的范围。
对服务的反应	已经存在哪些应对相关问题的解决方案,项目受益人群的反馈如何; 目前的服务针对问题的哪一具体环节？产生怎样的效果？ 项目对象还需要哪些服务？什么时候需要？ 服务的有效递送渠道？

(2)设计评估。

在明确了项目需求后,如何设计项目则成为非常重要的内容。在项目设计的过程中就应当建立可测量的目标,这样才能在收集了相应数据后分析项目实施的效果。这些目标不是项目中的活动安排,例如举办了几场活动,而应当是项目受益人群在经过项目干预后产生的可测量的变化。这些目标的设定是与机构的使命愿景以及项目目标紧密相关的。

设计评估希望去评估项目设计的有效性,例如这个项目是否有相应的经验,或通过最小化可行产品(Minimum Viable Product),是否准确回应了需求评估中的内容,是否设置了可测量的目标。

项目设计评估主要针对两个方面:

表11　项目设计评估的主要问题

合理性	目标是否可行、预算是否合理、实施方是否具备能力
实践性	目标是否与需求相对应、项目是否能够实现项目目标、目前具备的资源是否有助于实现目标、还需要什么资源等

(3)过程评估。

过程评估是对项目执行方是否按照项目方案开展了活动进行评估。按照项目方案执行,这是所有的项目执行方均应当达到的最低要求;而这些活动是否达到了项目预期的目标,则是成效评估的内容。在项目执行过程中,资助方应当对项目的实施情况作出评估,判断项目的执行是否符合法律法规及项目资助方的要求。项目过程评估可以分为两方面:一方面是对项目执行方式的合规性,另一方面是对项目执行方式的一致性。

表12　项目执行方式

合规性	· 项目的执行是否需要特殊的资质或许可(执行方是否具备) · 项目是否违背公益性项目的基本操作原则 · 是否涉及分包、转包、再资助(检查分包、转包、再资助的合规性) · 财务管理是否规范 · 是否违背职业伦理和道德 · 项目是否涉及前置审批/报备流程

续表

一致性	· 项目执行与原计划对照,在人员、资金、活动方面有无调整 · 如有,调整的原因是什么 · 调整是有利的还是不利的

(4)成效评估。

项目的成效评估是社会大众和大多数项目管理者最为熟悉的评估方式。成效评估指的是,项目的实施给项目服务对象带来了哪些变化,项目是否有效。成效评估注重的是结果。事实上,与过程评估相比,服务对象的改变难以量化,项目的实际效果也难以衡量。例如,监测提高儿童心理健康的项目开展了几场儿童心理课程比较容易,但课程的开设对学生的心理健康产生的积极影响则并不好监测。这也是为什么在项目设计评估时就应当设置可测量且高度相关的目标,例如项目目标设置为学生的表达力提高、问题行为减少等。(见图 26)。

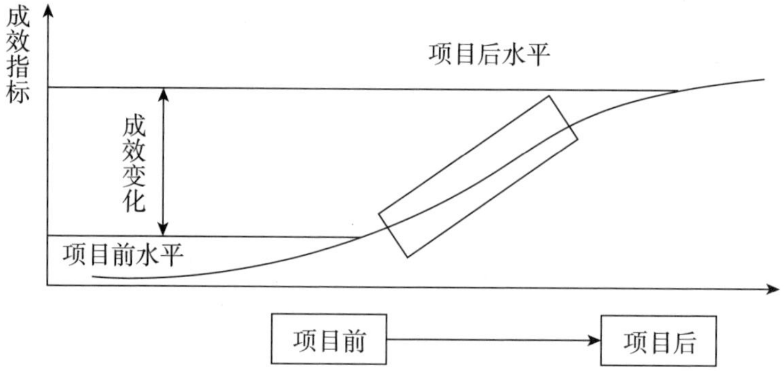

图 26　项目成效评估〔1〕

(5)影响评估。

项目影响评估是在项目成效评估的基础上进行的。在项目确实取得一定成效的情况下,评估者将对项目成效进一步分析,确认项目成效中有多少是由项目本身带来的,即排除其他影响因素后,纯粹归因于项目的"净影响"。目前采用的"影响评估"方法大多为"社会实验法",即采集大量样本,将样本分为"干预组"和"对照组",对两组进行变量控制,分别测量项目前后的影响,对比

〔1〕 图片来自 2017 年 7 月中国资助者论坛发布的《CDR · 资助者指南系列之 5 如何做监测评估》。

得出结果(见图27)。

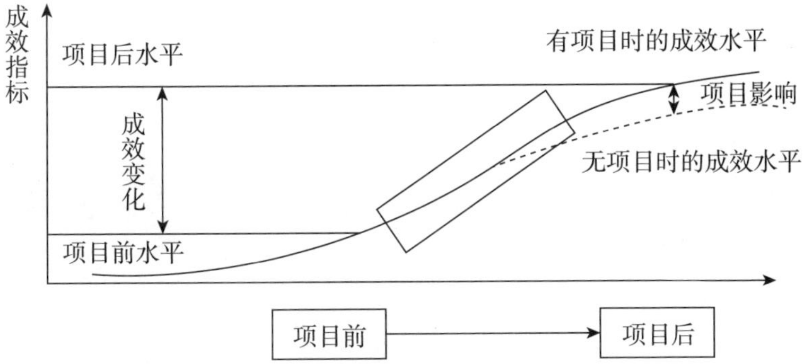

图27　项目影响评估〔1〕

(6)效率评估。

所谓效率评估,即检验项目的投入与产出的比例。投入越少,成果越大,影响越显著,则效率越高;反之则效率越低。

项目投入包括项目的直接投入和项目的配套投入。项目的直接投入,即项目执行方为执行项目所投入的人力、物力、资本等;项目的配套投入指"直接投入所撬动的其他方对项目的投入",即在项目的影响下,来自非项目资助方、实施方的项目投入。同样地,项目产出分为项目成果和项目影响,分别通过项目成果评估和项目影响评估获得数据。

最理想的项目效率应当是倒金字塔模式,见图28。

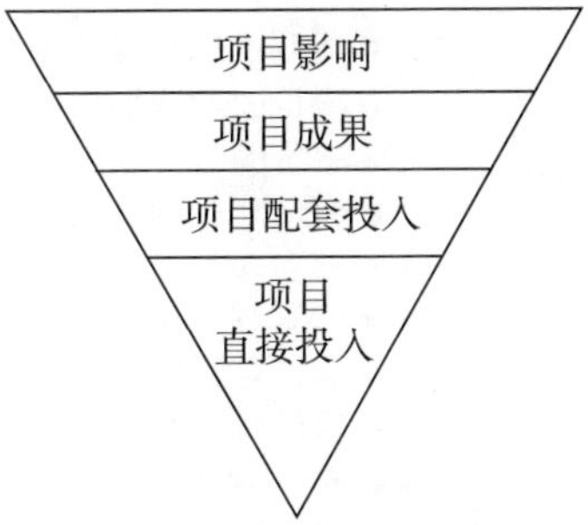

图28　理想的项目效率

〔1〕图片来自2017年7月中国资助者论坛发布的《CDR·资助者指南系列之5 如何做监测评估》。

2. 项目评估方式的选择

资助方如何就每个项目选择项目评估方式，主要是考虑处于哪个项目阶段，以及项目评估最终的用途及其所服务的对象。

（1）项目阶段。

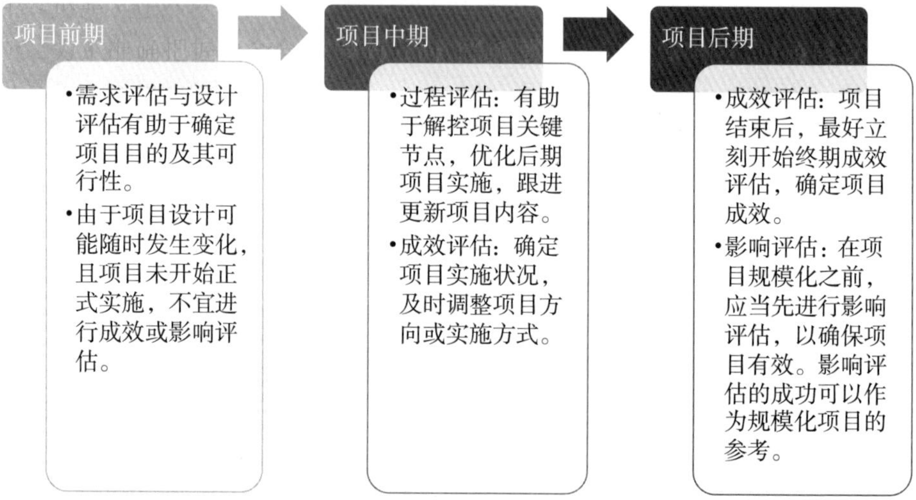

图 29　项目评估方式在不同项目阶段的选择

（2）评估用途与服务对象。

表 13　评估用途与服务对象

评估用途	服务对象	评估方式	重点问题
项目总结	资助方、社会大众	效益评估 影响评估 成果评估	◆项目目标是否实现？ ◆项目的价值如何？ ◆项目的效益如何？ ◆项目的影响如何？
项目改进	实施方	过程评估 成果评估	◆项目对象是否受益？ ◆是否有其他对象受益？ ◆项目对象的反馈如何？ ◆项目是否出现意料之外的情况？ ◆项目管理如何？ ◆项目财务是否与预算中各财务项目的列支一致？

续表

评估用途	服务对象	评估方式	重点问题
项目监测	资助方、项目经理	过程评估 成果评估	◆项目实施与设计是否有出入? ◆项目质量如何? ◆是否出现意外? 如何规避? ◆项目人员资质如何? ◆项目财务执行是否与预算一致?
知识生产	同类机构	设计评估 过程评估 成果评估	◆项目针对社会问题是否有所改善? ◆项目成果的组成要素是什么? ◆有什么经验教训? ◆是否有共性? 是否可以借鉴? ◆项目有什么可视化产出?
项目发展	实施方	影响评估 成果评估	◆当前社会对项目的需求如何? ◆社会环境的趋势如何? ◆社会环境对项目的需求是否要求项目作出修正?

3. 如何确定项目评估的指标

所谓项目评估的指标,是指在项目评估中衡量项目是否合格的标准。项目评估的指标往往与项目的目标直接挂钩,例如,在成效评估中,如果项目的目标是“让更多人具备就业能力”,那么项目评估的指标就应当是项目对象的整体就业率;如果项目的目标是“培养创业能力”,那么项目评估的指标就应当是项目对象的创业成功率;而在需求评估中,如果项目的指标是“让病人出院后能够享受社工帮扶”,那么项目评估的指标就应当是项目对象是否需要社工帮扶,以及项目对象对于社工帮扶的需求量。

制定项目评估的指标可以遵从 SMART 原则,即项目目标的确定应当是明确的(Specific)、可测量的(Measurable)、可实现的(Attainable)、实际的(Realistic)和有时间限制的(Time - bound)(见图 30)。

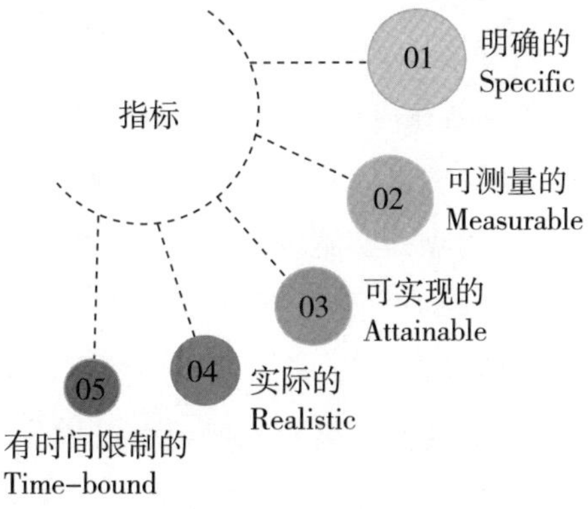

图 30　项目评估的指标

以“让病人出院后能够享受社工帮

扶”为例,在对这一项目目标进行成效评估时,为满足 SMART 原则,项目的评估指标应当是明确的,即项目评估时应当对享受社工帮扶的病人数量制定一个预期比例,例如 80%;项目的评估指标应当是可测量且可实现的,例如项目评估可以通过根据项目对象留下的联系方式联系项目对象进行调研或者访谈的方式展开;项目结果应当是有时间限制的,所以应当对社工帮扶的期限做出限制,例如出院后一年内。而在制定上述标准时,应当根据项目实施地点与项目对象在项目实施前的状况,制定一个项目周期内实际的、可操作的标准。

二、资助方在内部制度及资助协议中如何约定评估的内容?

资助方希望在资助项目的同时对项目进行评估,就法律角度而言,必须在为自身设立一个权利的同时,为项目实施方设立一个义务。这通常经由对资助协议以及资助方内部制度的完善来实现。

1. 资助协议

关于项目评估,在实践中有时会发生资助人希望对项目进行评估,但却由于资助协议条款的不完善,未能得到项目实施人配合的情况。从合同角度而言,如果项目资助人希望在项目实施的过程中,能够有权利对项目进行评估,而同时为项目实施方设立一个义务,要求其积极配合项目的评估工作,则至少需要在资助协议中包括如下重要条款:

(1)项目实施方应提供项目的需求及设计论证;

(2)资助方有权利在项目过程中,对项目目的的实现(包括需求是否满足、社会问题在何种程度上被解决)进行评估;

(3)资助方有权利在项目结束后,对项目的资助结果进行评估;

(4)项目实施方应对资助方的评估活动提供所有必要的信息、材料和配合;

(5)如果项目的资助经费包括评估经费的,则项目实施方有义务在项目期内或项目完成后,进行项目的效果评估;

(6)资助协议应当援引资助方的《项目管理制度》,因为资助方的《项目管理制度》中往往对一个项目的评估有更详细的内容和流程性的要求。

2.《项目管理制度》

对于项目资助有较完善管理体系的资助方,往往会将项目评估的详细内容和流程性的要求制定在其《项目管理制度》中。对于项目管理有特别要求的，有时也可单独作为《项目评估管理制度》。如果资助方有这些制度的，应当在资助协议中援引这些制度，并确保项目的实施方已经获得、阅读并理解这些制度，从而更好地执行项目并且配合项目的评估工作。除此之外，资助方需要约定对于哪些重大项目应当进行项目评估。“项目评估”的要求见本手册合规工具包编号：Ⅱ－1《公益项目管理制度》。

三、评估费用及相应的财务处理

1. 评估费用由谁来承担？

资助方自行对项目作出评估，那么就不存在项目评估费用负担的问题，评估费用属于资助方的管理费用，实践中一般由资助方承担。

委托第三方专业机构进行评估时，法律法规并未对评估费用由谁承担作出规定。是否进行项目评估、项目的评估经费以及项目的评估方式一般在资助协议中确定，并写入项目申请书/项目方案。至于由谁与第三方机构签订委托评估协议，既可由资助方与专业评估机构签订委托评估协议，资助方列为该项目的管理费用；也存在由项目执行方订立委托评估的协议，评估费用在项目预算中支列，作为项目费用支出。

实践中不乏突发评估的情况，即在项目资助协议没有约定，项目预算中也没有支列评估费用的情况下，在项目执行过程中或项目验收阶段，项目实施方或资助方突然提出引入第三方进行评估。在未有事先约定的情况下，评估费用一般是谁发起，谁承担。

2. 评估费用应如何进行财务处理？

项目评估费用如果需要写入项目预算，根据《民间非营利组织会计制度》第六十二条第二款的规定，第三方评估机构作为典型的“中介机构”，聘请第三方中介机构的费用将列为资助方的“管理费用”〔1〕。

〔1〕《民间非营利机构会计制度》第六十二条第二款。

四、如何组织评估？评估专家如何选择？

1. 组织评估的流程

资助方组织评估，则资助方本身应当收集项目数据，撰写评估报告。在进行评估时，首先应当确定评估方法，即项目在哪一阶段，评估所服务的对象如何，从而确定使用哪一种方式的评估，进而才能根据所需要的评估方式确定评估小组成员，建立一个合适的评估小组。

值得注意的是，若资助方自行组织评估，则其内部应当制定详细的评估流程，以确保评估的客观性和公正性（见图31）。

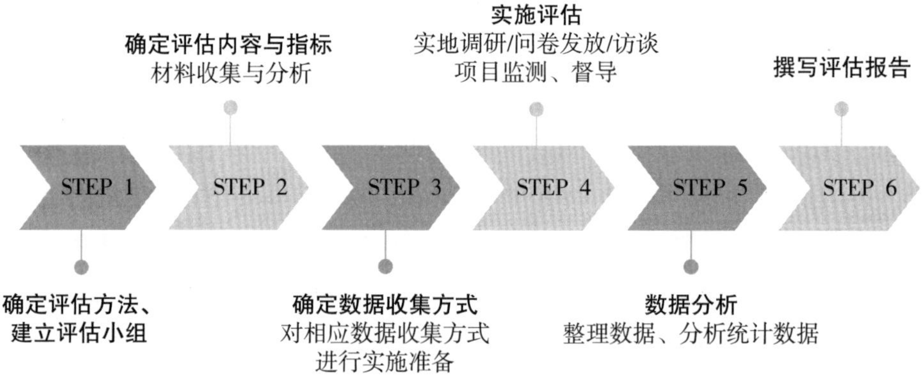

图31　评估流程〔1〕

2. 如何选择评估专家？

评估专家一般由资助方决定，其中可以由项目执行方进行推荐。项目评估小组一般由下列人员构成：（1）在政府民政部门、社团机构有工作经验的人员；（2）该领域的学者、专家；（3）资助型社会组织的工作人员；（4）财务人员。

上述四类人员作为评估小组的主要构成人员，各自基于其专业知识在评估过程中发挥作用。不同的评估方式对于评估小组人员的构成提出了不同的要求，例如，在需求评估过程中，评估小组应当引入熟悉项目对象的评估人员，例如项目对象所在社区的社工等；在过程评估中，项目经理作为项目负责人应当

---

〔1〕　商道纵横：《跨界对话：公益项目实战宝典》，社会科学文献出版社2016年版，第106页。

进入评估小组。另外,基于项目的过程评估和结果评估中都需要检验项目运营是否合规,建议在项目评估小组中加入一位职业法律人员。

第二节　如何进行委托评估

在由第三方评估机构组织评估时,资助方应当书面委托第三方评估机构,并全程监督第三方评估机构执行评估的过程。本部分主要介绍在采取委托第三方专业评估机构的方式下,如何界定评估机构的权利义务,明确评估内容以达到委托评估的效果,以及如何挑选专业的评估机构。

一、如何选择接受委托评估的组织?接受委托评估的组织应该具有什么资质?

1. 接受委托评估的组织应当具有什么资质?

法律法规没有对接受委托评估的组织的资质提出明确要求。一般而言,在委托第三方机构进行评估前,委托人将对该第三方机构作基本的尽职调查,其范围包括第三方评估机构的营业执照、年检报告、财务审计报告等。在对第三方评估机构进行尽职调查时,应当重点关注第三方评估机构的业务范围,其中必须包括“评估”。

2. 实践中接受委托评估的组织情况介绍?

实践中,接受委托评估的组织一般分为两类:商业咨询公司和具备相关专业知识的非营利组织。前者如零点咨询集团等,后者例如上海映绿公益事业发展中心(以下简称映绿)、北京市倍能公益组织能力建设与评估中心和社会资源研究所。就承接项目的社会组织而言,映绿的核心业务包括公益评估,其评估主要针对公益项目。映绿的第一个评估性项目执行于 2009 年,为深圳福彩公益资助方评估项目。十余年的评估过程中,映绿逐步形成以上海为中心的长江三角洲区域服务范围,并不断辐射全国的格局,其评估项目类型覆盖“政府购买项目”“资助方项目”等各类项目。映绿的评估团队包括不同领域的专家学者,具有长期的评估经验。[1]

与映绿不同的是,现代公益组织研究与评估中心是专注项目评估、研究的非营利组织,主要接受有关部门委托对社会组织和公益项目进行第三方评估。

3. 接受委托评估的组织应具有哪些资质?

在本手册第六章"立项"部分的第二节专门论述了如何选择项目执行方,选择接受委托评估的组织与选择项目执行方有相似之处。受托方一般应当配合委托方提出的尽职调查要求,提供机构的年检报告、财务审计报告,机构登记证书(如果是商业机构应当提供营业执照)、曾经承办的项目评估报告等机构相关文件,保证具有接受委托的主体资格和相应资质;并应当承诺其提交的所有资料及信息的真实性。

二、资助方委托其他组织评估应当注意哪些内容?

1. 委托评估协议

签订委托评估协议的目的在于确定委托方与受托方之间的权利义务关系。一份评估协议应当包括委托内容、委托期限、评估费用、双方权利义务、违约责任等基本内容。由于法律法规未对公益项目评估做出任何要求,上述内容均可以由评估的委托方和受托方协商决定。为明确双方权利义务、免于纠纷,评估的委托人与受托人应当就上述意定内容签订书面协议,将双方权利义务书面固定。

具体协议请参见本手册合规工具包编号:Ⅵ《委托评估协议书》。

2. 协议中应当注意的内容

(1)注重保密信息。

项目评估过程中,资助方需要将项目所有有关信息提交给第三方评估机构。因此,资助方应当就项目信息及资助方信息的保密要求与第三方评估机构在评估委托协议中进行约定。第三方评估机构应当就其所接触的资助方项目信息与资助方运营信息保密,并在评估结束后将所有资助方提交的项目有关信息归还资助方。

---

〔1〕 来源于上海映绿公益事业发展中心官网,http://npodevelopment.org/? page_id=1369。

(2)保证评估的公正性。

为保证评估的公正性,应当保证第三方评估机构独立评估,不受其他关联方影响。此项应当列为受托方(第三方评估机构)的义务,并在协议中列明相应违约责任。同时,委托方应当在第三方评估机构对项目进行评估时,对第三方评估机构的工作进行监督,以免其受到其他关联方的影响。

(3)制订评估方案。

签订评估协议前,第三方评估机构应当先行出具评估方案,资助方在同意评估方案的基础上,应当将评估方案列为委托协议的附件,要求第三方评估机构严格按照双方已然达成一致的评估方案执行评估。如第三方评估机构严格执行评估方案确有困难的,应当书面通知委托方,在获得委托方书面同意的情况下,才能更改并重新制订评估方案。

(4)注意评估协议与资助协议相兼容。

评估协议中与履行资助协议相关的内容,例如何时开始评估、何时出具报告、评估时需要项目执行方配合的内容,应当确保与资助协议相衔接。举例来说,如果资助协议要求在某一年的5月应当开展评估工作且在6月对通过评估的机构发放项目资助款,则在评估协议中,应确保评估工作在5月展开且在6月之前能够收到评估机构的评估报告。此外,资助方应当先与评估机构沟通,明确其需要收集哪些信息和材料才可以出具评估报告。资助方应当确保同样的信息和材料要求,以合同义务的形式对项目执行方有效。

第十一章　项目的提前终止和解除与终期结项

【章节概要】本章将主要从合规角度梳理项目提前终止和解除的情形下，资助方应当采取哪些应对措施。

项目提前终止、解除与项目期满终期结项不同：项目期满终期结项是指因项目期限届满而结束，而项目提前终止和解除是指因其他原因导致项目不得不提前结束。无论是资助方自行发起的项目，还是外部申请、共同管理的资助项目，在项目提前终止的情况下，资助方都应当做好项目款项的结算和项目的终止工作。

第一节　项目提前终止和解除的处理

一、项目资助终止和解除的情况

为了更好地监督项目的执行，项目提前终止的情况主要包括以下几个方面：

(1)因不可抗力使得资助目的不能实现的；

(2)项目执行方严重违反资助协议，符合资助协议项下约定的解除资助协议、终止项目事由的；

(3)发生了在订立资助协议时双方无法预见的、不属于商业风险的重大变化等情势变更，且项目执行方和资助方无法在合理期限内协商达成一致的；

(4)项目执行方主体资格丧失的；

(5)项目执行方和资助方协商一致提前解除终止项目的；

(6)资助协议及法律法规规定的其他情形。

其中,第(1)项为因不可抗力而提前终止项目的;第(2)(3)(4)项为因项目执行方的原因而终止项目的;第(5)项为资助方与项目执行方协商一致而提前终止项目。针对不同的原因造成的项目提前终止,资助方应有不同的处理方式。

二、资助方应当如何处理项目提前终止的情况?

在项目提前终止的情况下,剩余或者尚未拨付的资助资金应当退还给资助方,或转交给由资助方选择的其他合适的项目执行方继续实施该项目。资助方也应当对该项目的实施情况、终止原因等进行信息公开。

由于不同的原因,造成项目提前终止,资助方有不同的处理方式。

1. 因不可抗力而终止项目的情况

在因不可抗力的情况下而造成项目无法继续实施的,一般情况下由项目执行方提出申请,在资助方审核发现确因不可抗力造成项目无法执行的,资助方与项目执行方可签订《项目终止协议》(模板见本手册合规工具包编号:Ⅶ-1《项目终止协议》)。

2. 因项目执行方的原因而提前终止项目

因项目执行方的原因提前终止项目即为项目执行方存在过错,资助方有权单方解除资助协议。为了保护资助方利益,促使有效资助,资助方应当在资助协议中写明单方解除协议的情形(见本手册合规工具包编号:Ⅳ-4《项目资助协议》第五条"甲方的权利和义务")。资助方有权单方解除项目资助协议的情形主要为以下几种类型:

(1)因项目执行方未能按协议规定履行的,或项目实施中出现严重问题,或项目执行方发生任何违法违规行为,在资助方责令项目执行方予以纠正该等行为约定时间内该等行为并未得到纠正的;

(2)经评估/中期(终期)报告未通过,项目执行方在合理期限内不改进或改进后仍未达标的,资助方有权解除协议并撤销资助,并要求项目执行方返还全部资助资金;

(3)不按指定用途使用资助资金;

(4)在资助方提出查阅资助资金使用情况及原始凭证后,项目执行方不能

提供相关材料,或资助方发现项目执行方提供的项目资金使用情况严重失实或原始凭证存在伪造、变造等虚假现象;

(5)项目执行方违反国家法律法规受到政府部门行政处罚的。

3. 协商一致提前终止项目的

在项目执行方或资助方因自身原因无法继续履行资助协议、执行项目的情况下,资助方与项目执行方可以协商一致而提前终止项目。在这种情况下,资助方与项目执行方应当签订《项目终止协议》(模板见本手册合规工具包编号:Ⅶ-1《项目终止协议》),约定剩余财产的处理。

第二节　如何合规地结项

一、如何制作项目结项报告模板以及项目结项报告中应当注意的合规内容?

一般情况下,每个资助方都有自己的项目结项报告模板,现将一些模板附上供资助方参考,同时资助方也可以根据自己项目管理规定进行补充和完善。

1. 结项报告的模板

结项报告的模板见本手册合规工具包编号:Ⅶ-2《结项报告》。结项报告主要是需要项目执行方向资助方报告项目执行的情况,以及项目的成效等。其中需要注意的是,项目执行情况应当与之前签订的《项目资助协议》(见本手册合规工具包编号:Ⅳ-4《项目资助协议》)上约定的内容一致,如果项目执行方未严格按照资助协议执行项目,则项目执行方已经违反了协议约定。

财务报告则主要包括项目的财务报告期间内,该项目获得的资助及项目支出情况,并应当逐条记录包括工资、差旅费、各类慈善项目支出。实际预算花费类别应当与项目预算表中相匹配。如果预算类别实际花费超过了批准预算总额的比例或规定的数额,须要向资助方项目对接人说明理由并提出正式修改预算的申请。需要提醒的是,资助方应当要求项目执行方的财务负责人在财务报告上签字以及加盖财务公章。

2. 结项报告中应当重点审核的内容

资助方在审核结项报告时,应当对项目执行及财务终期报告进行重点审核，内容包括：预计目标是否实现和完成、目标达成情况、执行情况是否在预算范围内、相关证明材料和记录是否完整和全面等。

在不合格的情况下，应当继续补充材料；补充材料后仍然不合格的，应当在资助方的监督下进行整改。必要时请第三方专家进行鉴定、实地考察等，并形成鉴定记录或实地考察记录。

此外，如果资助方认为对项目需要额外审计，资助方也可以自行或者通过第三方机构对该项目实施现场财务审计。

二、项目结项的审核流程

基金会应根据项目执行费用规模、项目利害关系方以及项目核心与否确立相应的审核流程。对于捐赠和执行费用支出较大的项目，基金会应交理事会进行审核。同时，为能对项目的效益有更为明确的、量化的衡量，确保基金会财产的使用合规且符合公益目的，基金会应将第三方项目评估作为项目结项的必要步骤。在完成内部审核和第三方评估之后，部分项目如使用公开募捐款项或涉及重要关联方，还应当通过"慈善中国"官网以及基金会官方网站、微信、微博等平台对外进行信息公开。具体流程见图 32。

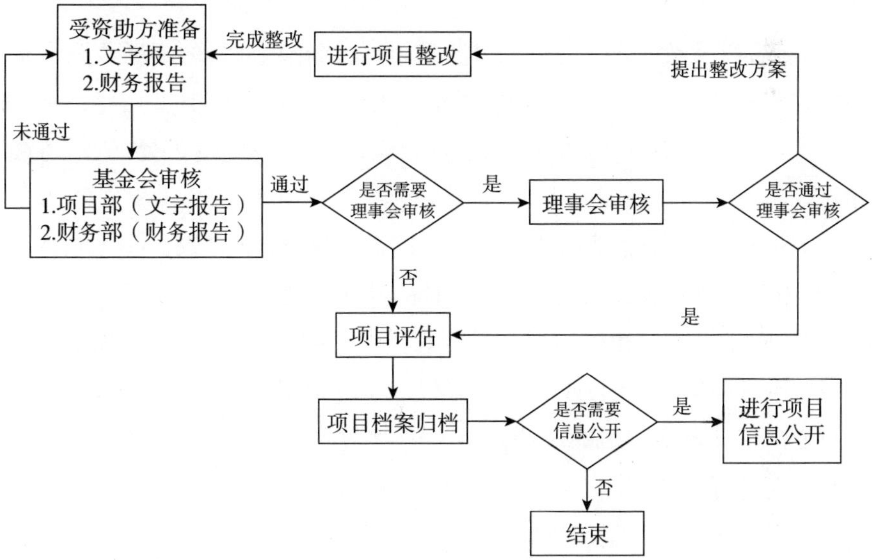

图 32　项目结项的审核流程

第三节　结项的财务和税务处理

一、项目是否需要进行审计？应该如何进行审计？

为了规范资助方的行为，提高资助方的财务管理和会计工作水平，扩大资助方的公开、透明程度，加强政府部门对资助方的监管，充分发挥注册会计师审计监督作用，维护资助方、捐赠人和受益人的合法权益，财政部和民政部于2011年就基金会审计颁布了《关于加强和完善基金会注册会计师审计制度的通知》（以下简称《基金会审计通知》）。

根据《基金会审计通知》的规定，目前基金会审计模式包括年度审计、离任和换届审计以及专项审计。其中专项审计是指基金会开展重大公益项目、特殊募捐等活动时，应当实施专项审计。

1. 应当进行专项审计的情况

资助方开展以下活动，都需要实施专项审计，在活动结束后向登记管理机关报送经注册会计师审计的专项审计报告，并按照登记管理机关的要求向社会公布：

（1）符合以下条件之一的重大公益项目：①当年该项目的捐赠收入占资助方当年捐赠总收入的1/5以上且金额超过人民币50万元的；②当年该项目的支出占资助方当年总支出的1/5以上且金额超过人民币50万元的；③持续时间超过3年的。

（2）因参与处理自然灾害等突发事件需要开展的募捐活动。

（3）登记管理机关要求进行专项审计的其他活动。

同时，除了上述法律强制规定需要进行专项审计的，资助方的捐赠人对其他项目也要求专项审计的，或者资助方根据实际情况认为需要专项审计的，也可进行专项审计。

2. 如何进行审计？

（1）寻找符合要求的会计师事务所。

根据《基金会审计通知》的要求，并不是所有的会计师事务所都有资格做资助方的审计工作。在民政部登记的基金会进行审计的会计师事务所的要求：应当进入中国注册会计师协会公布的上一年度全国会计师事务所综合评价前100名；或具备三年以上（含三年）从事基金会或其他非营利组织审计工作经验，且注册会计师人数在15人以上，上一年度审计业务收入在600万元以上。为在省级及以下民政部门登记的基金会进行审计的会计师事务所的要求：应当进入全国会计师事务所综合评价前100名；或具备三年以上（含三年）从事基金会或其他非营利组织审计工作经验，且注册会计师人数在10人以上，上一年度审计业务收入在300万元以上。

（2）选聘方式。基金会及其登记管理机关可以从上述范围内自行选聘会计师事务所；其中，使用财政资金聘请会计师事务所的，应当按照政府采购制度有关规定选聘会计师事务所。

（3）审计费用的负担。根据法律规定，资助方审计经费由下列一项或多项来源构成：①基金会自行承担；②财政资金，中央财政和地方财政安排一定的资金，由登记管理机关在相关法定情形下使用[1]；③会计师事务所公益审计，会计师事务所为部分确有困难的资助方提供公益审计服务。

对于需要开展专项审计的项目，资助方与项目执行方应当在资助协议中约定，将提交《专项审计报告》作为结项和尾款拨付的前提条件。对于专项审计费用的负担也应当在资助协议中约定，一般在项目预算中作为项目费用计算。

二、如何制作项目财务报告？财务报告的主要内容有哪些？

1. 项目财务报告的主要内容

社会组织的财务报告体系，由以组织为主体的整体财务报告和以项目为主体的项目财务报告组成。根据《民间非营利组织会计制度》的规定，将财务会计

〔1〕 中央财政和地方财政安排一定的资金，由登记管理机关在以下三种情形下使用：（1）资助方确因资金困难无法承担审计费用的，可以向登记管理机关提出资助申请，登记管理机关视困难程度给予全额或一定比例的资助。（2）对于内部治理结构完善、财务管理透明、公益项目运作规范、评估等级较高且同时具备公益性捐赠税前扣除资格和非营利组织免税资格的资助方，登记管理机关可以奖励形式全额或部分承担审计费用。（3）登记管理机关为履行监管职责直接委托会计师事务所对资助方进行的审计，审计费用由登记管理机关承担。

报告分为年度财务会计报告和中期财务会计报告(如半年度、季度和月度)[1],年度财务会计报告和中期财务会计报告都是以组织为主体的整体财务报告;但是《民间非营利组织会计制度》却未规定项目财务报告的内容。

项目财务报告根据社会组织项目的日常会计数据直接生成。在项目周期较长且项目内容丰富的情况下,除了中期报告和结项报告中的财务报告以外,资助方可以要求项目执行方每三个月提交一次项目财务报告。

2. 项目财务报告的审核要点

财务报告本质上是对零散账簿记录进行加工整理,能通过财务报告了解项目执行的基本情况。因此资助方通过对项目财务报告的审核,可以了解到项目执行的基本情况以及资助款项的使用情况。资助方应当重点审核以下合规要点:(1)项目财务报告的支出是否与项目预算表相契合。如有不契合处,是否有合理解释,或者项目实施过程中对资助方进行过报告。(2)项目财务报告中的项目支出和管理费用是否符合法律规定(详见本手册第三章第三节"基金会资助项目预算的法律合规要求")。(3)项目财务报告中的支出是否符合法律规定,是否存在滥用资助款项的情况。

---

〔1〕《民间非营利组织会计制度》第七章"财务会计制度"。

第十二章　信 息 公 开

【章节概要】本章主要介绍基金会在开展资助项目过程中，如何合规地进行信息公开。

基金会进行信息公开既是法律规定的义务，也是基金会建立公信力、增加社会影响力的重要途径。基金会在开展资助项目的各个阶段中均应当合规地进行信息公开，及时、准确、完整地公开相应的内容。因此，明确哪些地方需要"信息公开"，公开到何种程度，是需要关注的问题。

第一节　基金会资助项目的信息公开原则

2006 年 1 月实施生效的《基金会信息公布办法》明确指出基金会信息公开的内容包括以下三类：(1)年度工作报告；(2)公募基金会组织募捐活动的信息；(3)资助项目的信息。

为进一步提升基金会信息披露的专业性和标准化，由基金会中心网开发、清华大学廉政与治理研究中心指定，反映我国基金会的透明水平的"中基透明指数"(FTI)于 2012 年 8 月发布，并上线试用。中基透明指数是一套综合指标、权重、信息披露渠道、完整度等参数，以排行榜单为呈现形式的基金会透明标准评价系统。中基透明指数提出了基金会信息公开的六大标准。

1. 遵守制度原则

遵守制度原则是指须遵守国家和机构的保密制度和隐私要求。基金会依照法律法规和其内部信息公开制度，不予公开的信息包括：

(1)涉及国家秘密的信息；

(2)涉及商业秘密的信息；

(3)涉及慈善组织捐赠人、受益人、志愿者个人隐私及捐赠人、受益人、志愿者不同意公开的姓名、名称、住所、通信方式等信息;

(4)慈善组织内部工作信息;

(5)有涉相关权利人知识产权权利的信息;

(6)尚在磋商谈判阶段、依照相关缔约义务应予保密的信息;

(7)其他根据法律法规规定不得公开的信息。

前款(2)(3)(5)项中所述信息,经权利人明示同意或双方事先约定可以公开的,可以予以公开。

若信息权利人或利益相关人对是否同意公开信息的征询未有明示同意公开之表示的,视为不同意公开。

2. 重视渠道原则

重视渠道原则是指相关部门、相关机构及相关渠道(平台),须指定专门的部门对接,负责日常沟通和维护工作。

3. 真实完整原则

基金会应保证其公开的信息材料真实、准确、完整,不得有虚假记载、误导性陈述或者重大遗漏。

4. 及时便捷原则

基金会应按法律法规和内部制度的规定,按时履行信息公开义务,并在相关信息发生变更时及时对外更新;信息公开方式应尽力保障捐赠人、社会公众及有关单位能够方便、完整地查阅和获取公开的信息。

5. 主动积极原则

各部门应该本着主动积极的态度,开展相关工作。

6. 兼顾效率原则

基金会的透明工作有工作成本,应该遵循透明和效率之间的平衡。

第二节　信息公开程序

基金会宜建立信息公开制度,并在制度中确认内部审批机制,明确信息公开责任人的内部审批权和其他相关部门各自的职责义务，并严格依照信息公开制度履行信息公开义务。

基金会各部门主管负责管理本部门产生的信息，其可在必要时向信息公开责任人提出信息公开建议。信息公开负责人审批同意公开的，基金会各部门应将拟公开信息提交信息公开责任人，信息公开负责人对信息的真实性、准确性、完整性进行审核后，方能对外公开。

信息公开责任人应当按照相关法律法规和规范性文件要求，负责信息公开内容的编制、整理、确认和公布，在统一信息平台上履行信息公开义务，并对已公开信息妥善归档保存备查。

对于已公开信息，基金会各部门主管应配合信息公开责任人的工作，制作相应的公开信息档案妥善保存；信息公开责任人对信息公开后的公众反馈应进行及时监测，并在必要时将该信息汇报给基金会理事会（见图33）。

图33　基金会信息公开程序

第三节　信息公开方式

一、信息公开平台

关于基金会信息公开方式的规定散见于法律法规、规范性文件以及地方性规定，不同的法律规范有不同的公开方式规定，但从立法的趋势来看，信息公开方式从原本的登记管理机关指定的信息平台，基金会出版物（年报、通信等）、官方网站，大众媒体（网站、电视、报纸、电台、杂志等），定期邮寄或电子邮件、微信、微博等多渠道公开，越来越集中围绕统一的信息平台进行公开。

1. 慈善组织的统一信息公开平台

民政部门统一信息平台包括全国慈善信息平台(慈善中国)和部分地方政府或民政部门开发的具有公开慈善信息功能的政府平台。原则上,对于与人民群众关系密切、社会关注度高的信息,慈善组织应按法律法规的要求,在统一信息平台履行信息公开义务。申请登记或认定为慈善组织的基金会应当在慈善中国上履行信息公开义务。

2. 登记管理机关统一的信息平台

中国社会组织政务服务平台是民政部社会组织管理局(社会组织执法监督局)主办的全国社会组织信用信息公示平台。

3. 网络媒体平台建设

基金会可以以其名义开设官方门户网站、官方微博、官方微信、移动客户端等网络平台,在平台上发布该组织基本信息、章程与制度、年度工作报告、财务会计报告、慈善项目、捐赠与募捐等信息。中基透明指数(FTI)鼓励基金会建立自己的官方网站,并通过自己的官方网站公开相应信息,通过官方网站披露时将获得1.2的参数值,而其他渠道只有0.8。

4. 第三方媒体渠道

基金会在统一信息平台上履行信息公开义务之后,还可以选择报刊、广播、电视或者互联网作为公布信息的媒体。信息公布所使用的媒体应当能够覆盖慈善组织的活动地域。信息公开的内容中应当注明基金会的基本信息和联系、咨询方式。

二、信息公开内容

1. 法定公示内容

目前相关法律规范虽然明确了基金会资助项目信息公开的范围,但对于应当公开的信息到底公开到什么程度并没有作进一步的规定。

相关法律规定如下(见表14):

表 14　相关法律规定的信息公开内容

法律法规名称	信息公开内容
《基金会管理条例》	基金会开展公益资助项目,应当向社会公布所开展的公益资助项目种类以及申请、评审程序
《基金会信息公布办法》	基金会开展公益资助项目,应当公布所开展的公益项目种类以及申请、评审程序。评审结束后,应当公布评审结果并通知申请人。公益资助项目完成后,应当公布有关的资金使用情况。事后对项目进行评估的,应当同时公布评估结果
《慈善组织信息公开办法》	慈善组织在设立慈善项目或慈善项目结束时,应当向社会公众披露的慈善项目有关情况包括:(1)项目名称;(2)项目内容;(3)若慈善项目由慈善信托支持的,该慈善信托名称亦应当公布。 慈善组织应当在慈善项目开展前或项目完成后,在统一信息平台上传项目的有关情况。同时,建议慈善组织亦在官方门户网站、官方微博、官方微信、移动客户端公示上述信息或者提供相应的信息查询渠道

《慈善组织信息公开办法》规定慈善组织应当在慈善项目开展前或项目完成后,在统一信息平台上传项目的有关情况。同时,建议慈善组织亦在官方门户网站、官方微博、官方微信、移动客户端公示上述信息或者提供相应的信息查询渠道。同时,具有公开募捐资格的慈善组织应当在慈善项目终止后三个月内,在统一信息平台向社会公开慈善项目实施情况,包括:项目名称、项目内容、实施地域、受益人群、来自公开募捐和其他来源的收入、项目的支出情况,项目终止后有剩余财产的还应当公开剩余财产的处理情况。项目实施周期超过六个月的,至少每三个月公开一次项目实施情况。

2. 中基透明指数(FTI)的公示标准

如上文提及,资助项目也属于中基透明指数(FTI)的评估范围,其评估的公示内容包括如下八个方面。

(1)项目支出:该指标得分由年度业务活动情况报告表中的公益活动数量、项目年度支出,以及年度报告中公益支出情况表中的公益事业支出数额三个参数决定。

(2)项目收入:从年度报告中的项目本年度收入数额得出。

(3)项目名称:从年度报告中的项目名称得出。

(4)项目概述:从年度报告的项目内容简述得出。

(5)资金用途:从年度报告的项目内容简述得出。

(6)执行地点:从年度报告的项目内容简述得出。

(7)活动领域:从年度报告的项目内容简述得出。

(8)项目展示栏目:基金会官网展示项目细节信息的栏目。

3. 其他公示内容

(1)资助项目申请与评审程序。

在基金会年度报告以及慈善组织信息公示中并没有要求公示申请与评审程序,但是对面向不特定对象选拔的资助性项目,明确告知申请与评审程序,是一个必要的公示阶段。比如老牛基金会在其官网上上传了《老牛基金会捐赠项目申请表》,其中包括项目基本信息、项目建议书、申请机构信息等,申请信息较为明确,是一种可以借鉴的公示方式。项目评审结束后可以在自己的官网上公示名单或者直接通知资助对象。

建议基金会在以其名义开设的官方门户网站、官方微博、官方微信、移动客户端等网络平台进行公示。

(2)项目资金使用情况。

公益资助项目完成后,应当公布有关的资金使用情况,包括资金使用的凭证等。发起长期项目或重大项目的,可以对项目资金进行审计,将审计报告发布在以其名义开设的官方门户网站、官方微博、官方微信、移动客户端等网络平台。

(3)项目评估情况。

事后对项目进行评估的,应当同时公布评估结果。事后对项目进行评估的,应当同时公布评估结果。

第十三章　项目资助的行为守则和伦理规范

【章节概要】本章主要介绍基金会在资助项目过程中所应当遵守的行为守则，明确遵守行为守则的意义，以及违背行为守则的处理方式。

行为守则是一套涉及基金会价值观和行为的指南，旨在指导基金会的决策与活动，并用来规范基金会的雇员、志愿者、理事会等一系列成员和参与者的行为。行为守则有时也被不同的机构称为“伦理守则”“行为和伦理规范”等。行为守则不但清楚地规定了行事规则，也确立了对违反守则的行为的惩罚。在一些机构中，违反行为守则可能会导致内部处罚甚至解雇。

有效的行为守则同时在两个层面起作用：体制层面和象征层面。在制度内部，行为守则阐明了行为的界限以及对行为的期望。也就是说，它提供了明确的要求，规定了什么行为是被禁止的，而什么行为又是被鼓励和期许的。行为守则也具有高度的象征含义，是一个机构价值观的体现。当基金会订立行为守则时，也就定义了基金会所认可的“一个专业的从业者”的标准，这不单体现了基金会如何看待并规范自身的方式，也体现了基金会希望外界人士如何看待它们的方式。

因此，有些基金会将行为守则放在机构网站上，或是在活动中不断地宣传和说明，希望捐赠方、潜在雇员、志愿者及任何可能考虑与基金会合作的组织或个人了解基金会的行为守则，感受到基金会的专业性。而当基金会对外公布自己的行为守则时，也对公众做出承诺，承诺基金会的行为将一直符合伦理规范。这样的承诺将有助于基金会赢得公众和利益相关人（如政府机构、资助方、其他非营利组织等）的信任。

第一节　订立行为守则的目的和意义

一、行为守则的目的

行为守则的根本目的是指导行为,对行为守则有效性的分析必然包括它对基金会行为的影响程度。学术研究人员争论行为守则的定义是否有必要,是因为他们认为一个足够好的人即使没有行为守则的硬性规定,仍然会按照守则的要求做事。

但事实上,行为守则并非为"坏"人所做,而是为普通人提供的行为指导。"坏"人很少愿意遵循规则,而一般人往往愿意遵循守则,不愿做出违反伦理的行为,但他们会在工作中也遇到无法抉择的困境,或是会被看似正直的道路诱惑。"当诱惑意义重大时,当坚持的代价(例如,为了我们的利益而做出的牺牲)很高时,当侵犯的社会后果(对他人的伤害)相对较轻时,当侵犯的代价很低时——在这种情况下,人们很容易被诱导偏离他们应该做的事……"而行为和伦理守则能在人们进退两难时为他们指出正确的道路。

一个组织无论将行为守则执行得多么严格,都无法让真正的"坏"人变好。然而,行为守则可以对组织中潜在的违背者产生影响。因为当每个人都清楚地认识到行为标准时,他们会对不符合准则的行为更敏感,并且明白要对此采取行动制止或者谴责。此外,如果一个人有逾矩的打算,但明白周围人都知道这种行为是错误的,他们往往会犹豫要不要把计划付诸行动。"坏"人明白他们更有可能在强调遵守行为守则的环境里被抓。

二、行为守则的意义

基金会设立行为守则,可以产生以下几种积极影响:

首先,行为守则的设立让相关人员更倾向于做出符合守则的行为。他们这样做的一部分原因是守则提醒他们关注自身行为的性质(是否符合伦理),另一部分原因是畏惧违反守则带来的惩罚。

其次,设定和遵照守则可以减少"符合伦理的行为所产生的牺牲"。举个例子，假设一个基金会成员的亲属或者朋友希望他透露捐助方或受益人的信息，而恰巧基金会没有相关的规则，那么是选择组织的利益还是选择家人的利益成了基金会成员个人的道德责任；而如果基金会已经制定了相关的规则，那么行为守则和伦理道德的存在一方面提醒了该成员泄露他人隐私会导致他失去工作，另一方面免除了成员个人的道德责任。基金会成员可以选择这样回答亲属或朋友的提问，从而免除了个人的道德责任，也无须承担保守秘密的责任。因为他已经被明确规定不得做出该行为，而是否要求该成员牺牲自己的工作来成全自身的利益成了提问者的道德责任。

再次，良好的行为守则可以让相关人员专注于“因为正确的理由而做正确的事”。总是做符合伦理守则的行为应该成为习惯，有效的行为守则使得理事会成员、雇员、志愿者等有根据地检测自己的行为是否符合伦理标准；随着时间的推移，在反复强化的过程中，形成符合伦理的行为习惯。举个例子，出于公众利益的考虑，基金会需要审查捐赠资金的来源是否正当，而如果只是遵循效率原则，基金会的工作人员可能容易受到诱惑，为了加快进程而跳过审查程序；如果守则里提到保障资金来源正当性是必要的，并规定了详细的审查步骤，甚至细化到针对项目资金来源的审查必须提供书面文件并归档，那么工作人员很难只是以效率为由，不加审查地使用资助资金。

复次，行为守则可以使基金会获得内部和外部的信任。公众对基金会的信任是基金会工作的基石。捐助者和志愿者支持基金会，社会公众能够向基金会捐赠，是因为他们相信慈善组织能够履行其使命，成为其资源的良好管理者，并坚持严格的行为准则。

最后，行为守则可以发挥职业声明的作用。它表达了基金会对于一套伦理标准的承诺。这既有认知价值，也有情感价值。从认知角度来说，它展现给一个有意愿加入基金会的人一个明确的愿景和使命，向人们澄清要成为机构的工作人员有哪些行为要求，而这些行为要求直接与基金会的使命和愿景挂钩；在情感方面，守则可以向工作人员提供一种专业上的自豪感：“我加入了基金会，我遵守这套守则，因此我符合机构/行业标准、非常专业。”

第二节　如何设立基金会的行为守则

一个基金会的行为守则中,应当包含两部分内容:(1)一般行为守则。依照公序良俗订立的行为守则,如需要以平等、尊重的方式对待基金会的雇员,或是依照当地法律订立的行为守则,如不可性侵员工等。一般行为守则规定的是基础的、在行业内外都普适的行为守则。(2)特殊行为守则。如依照行业特殊标准订立的守则,像涉及精神健康工作的工作者需要遵循保密原则,它规范的是组织因为其工作的内容或者性质而可能遭遇的、在其他行业或机构可能并不会涉及的行为。

一、一般行为守则

一般行为守则规范的是大众的价值观和行为。它们有的是依照国家级或地方级的法律法规设立,有的是按照公序良俗订立。在不同的行业和组织中,会看到相同或相似的一般行为守则。

以《中国公益慈善筹款伦理行为实操指引手册》为例,他们有针对筹款人的"六大通用选择:合规、诚实、尊重、正直、透明、负责",也要求筹款人"遵守相关法律和法规";而在其他行业中,也会看到工作人员被要求做到尊重、正直、遵守法律法规等。

尽管看起来规定有些基础,甚至没有相关规定,一个合格的工作者也该做到这些要求。一般行为守则是行为守则中不可或缺的部分,它澄清并强调了基本要求,是组织作出的不会触犯原则和底线的承诺。

二、特殊行为守则

特殊的行为守则规范的是基金会因机构性质(如使命、目标人群等)或行业性质而涉及的特定行为。比起一般的行为守则,特殊行为守则的规定更详细,更有情境性,比如会明确说明该行为针对的人群或对应的发生情境。

常见的一种特殊行为守则是"基于机构价值观的行为准则"。以机构价值观为基础的行为守则突出体现了基金会的核心价值体系,但这并不意味着基于机构价值观的行为守则必然与一般行为守则有所不同,或必然提出额外的要求,它可能比一般行为守则要求遵守者有更强的自我监管能力和意识,更强调一般行为守则中与基金会价值观契合的部分。

例如,北京博源拓智儿童公益发展中心作为一家专门从事儿童公益行业发展支持和咨询评估的社会组织,就制定了《儿童公益组织行为准则指南》,强调尊重儿童人格尊严,保护儿童隐私、安全,避免与儿童有不适当的接触等行为规范。这些行为规范并未超出大众价值观的范围,每一个人都应当做到。但作为一个致力于儿童发展的机构,博源拓智儿童公益发展中心基于儿童的特性,尤其强调不应当随意打断、阻止儿童的发言,对于儿童的表达和倾诉要做到基本的同理和接纳等行为守则,并对此制定了相应的报告、回应和处理措施等的规范。这并不是小题大做,而是将与基金会价值观相契合的一般行为守则提炼出来,以适应基金会的宗旨、受益人群和项目特性的方式形成一套行为规范,以帮助工作人员更具象地理解一般行为守则,在实践中也更容易遵守这一行为准则行事。

另一种常见的特殊行为守则是“基于职业伦理的守则”。如涉及资助身心残障项目的基金会,对精神健康方面有困扰的合作者,可能需要像医务工作者一样,做到对其信息的最小披露,比如,如果没有得到对方的书面允许,不得公开披露他的具体病情等;再如,由于基金会涉及投资,因此会就利益冲突作出清晰的界定,如福特基金会在行为守则中,明确解释了什么是“直系亲属”(immediate family),规定了哪些收受礼物的行为是不允许的,以避免影响到工作人员的决策,不能作出符合基金会利益的决定。

三、禁止性的行为

无论基金会从事哪一领域,歧视、腐败和性骚扰行为往往作为“决不可为”的行为底线,是项目资助、项目执行中决不允许出现的行为,应当被列为禁止性的行为。从基金会的使命、愿景角度来说,歧视、腐败、性骚扰是绝不利于公共利益的行为,与基金会的使命和愿景相悖;从基金会自身发展的角度来说,这类行为将摧毁基金会的公信力,不利于基金会自身的发展。

1. 歧视

在项目资助工作中，一些不经意间的选择、判断、行为都可能折射出项目官员对项目执行方、项目受益人的区别对待。对于行为人而言，这样的区别对待是经由长久的惯性思维形成的，其本人可能很难意识到其行为所带有的偏见和歧视。

行为守则的作用在于对项目工作者做出提示，在强调何种行为将被认为是歧视的同时，对项目工作者的行为做出指引和规束。明确项目工作人员在项目资助中应当学习理解不同人群，尤其是受助人群的需求，而不是对他人进行预先的价值判断。

（1）残障歧视。

《联合国残疾人权利公约》（也称《残疾人权利公约》）认为，残障是一个“演变中的概念”，残障是伤残者和阻碍他们在与其他人平等的基础上充分和切实的参与社会的各种态度和环境障碍相互作用所产生的结果。[1]

这一概念与日常人们所理解的残障，即“身体功能上的缺失”迥异，甚至有些不便于理解。事实上，这样的差异归结于对“残障”本质理解的不同。《残疾人权利公约》所理解的残障并不是指身体功能或精神功能是否有缺失，《残疾人权利公约》认为，这样的缺失是身体的“损伤”，却绝非“残障”。如果社会各界能够为身体有损伤的个人提供良好的硬件设施，消除其参与社会的硬件障碍，社会公众能够一视同仁地对待身体有损伤的个体，那么身体有损伤的个体参与社会生活便不存在障碍，进而言之，“残障”就从本质上被消除了。概括而言，是社会构建而非身体损伤影响了身体有损伤的个人参与社会生活，进而导致了残障。

《残疾人权利公约》对于残障的理解也被称作“残障的社会模式”。[2] 残障的社会模式认为，“损伤”是一种身体功能缺失或者精神的某种状态，而“残障”是损伤与社会环境互动后导向的结果，是社会构建的产物。举例而言，在剧院、

〔1〕《联合国残疾人权利公约》，载 https://www.un.org/chinese/disabilities/convention/convention.htm。

〔2〕 Theresia Degener, *A Human Rights Model of Disability*, In Blanck, P(Eds), Routledge Handbook of disabilitylaw and Human Rights(Routledge, 2016).

电影院或者其他文化场所,如果听力障碍者没有手语翻译,那么听力障碍者就无法和正常人一样观感演出,进而导致了听力障碍者无法参与社会生活。《残疾人权利公约》认为,解决这一问题的途径在于在公共场所为听力障碍者配备手语翻译,而非解决听力障碍者本身的身体损伤。

基于此,《残疾人权利公约》认为,“基于残障的歧视”并非仅仅是指代对于个人身体损伤的歧视,而是更进一步地,指代基于残障而作出的任何区别、排斥或限制,包括拒绝提供合理便利,以至于损害或取消残障人士在政治、经济、社会、文化、公民或任何其他领域与其他人平等地认可、享有或行使一切人权和基本自由的权利。[1]

所谓“合理便利”,是指根据具体需要,在不造成过度或不当负担的情况下,进行必要和适当的修改和调整,以确保残疾人在与其他人平等的基础上享有或行使一切人权和基本自由。上文提及的,在公共场所为听力障碍者设置手语翻译这一问题就关系到为残障人士提供“合理便利”。当前社会生活中,我们在剧场、影院等公共场合几乎见不到为听力障碍者提供的手语翻译服务,大多数公共场所未采取该类服务并不是因为支出过高,而是因为从未将听力障碍者观影需求纳入考量。

不把残障人士的需求纳入考量事实上是对“残障”这一现状缺乏认识。这种认知上的缺失也是歧视的一种外在表现。从未将残障人士的需求纳入考量意味着对于残障人士社会性的根本扼杀,也不存在提供合理便利和通用设计的可能。曾有基金会开展科普类项目时,在项目宣传中明确排除了心智障碍、精神障碍患者的参与。且不论部分心智障碍人士、精神障碍人士具有与完全民事行为能力人等同权利能力,即便该类残障人士在一定程度上缺乏民事行为能力,其在监护人或监护人授权的其他人的陪同下,也应当能够参与普通的科普类讲座项目。该基金会的项目官员可能并不认为排除心智障碍、精神障碍等残障人士的参与是对该类人群的歧视,而是考虑到项目效果、基金会的管理成本及其他参与者的参与感受。但这种将项目效果和非残障人士的权益置于残障人士参与项目的权利之前的考量方式,其本质上就是一种歧视。

---

〔1〕《联合国残疾人权利公约》。

因此，在开展项目时，首先就要从意识上进行改变，认识到残障人士有参与项目的可能，从而为各类残障人士参与项目创造条件。无论是传统的扶贫济困类公益项目，还是进一步的艺术、科技、环保类公益项目，都应当根据项目的特点为相关残障人士提供参与项目的合理便利，并在项目宣传中告知残障人士，所提供的是何种便利，是否需要预约等信息，保证残障人士的顺利参与。

（2）性别歧视。

2018 年全球性别差距报告显示，中国在 149 个国家中排名 103。家庭岗位不受重视、男女同工不同酬、女性职业天花板明显等情况在我国较为显著[1]。基于社会现状，当我们讨论性别歧视时，我们主要谈论社会针对女性的不公平待遇。

根据联合国《消除对妇女一切歧视公约》的规定，针对妇女的歧视是指“基于性别而作的任何区别、排斥或限制，其影响或其目的均足以妨碍或否认妇女不论已婚未婚在男女平等的基础上认识、享有或行使在政治、经济、社会、文化、公民或任何其他方面的人权和基本自由”。公约进一步细化了所谓“政治、经济、社会、文化”等方面的权利，强调妇女在教育、就业、婚姻、生育、领取救济、选举等方面应当拥有等同于男性的权利。公约同时要求，缔约国应当采取一切适当措施：①改变男女的社会和文化行为模式；②消除基于性别而分尊卑观念或基于男女定型任务的偏见、习俗和一切其他做法。

中国作为公约的缔约国，已将男女平等这一概念写入《宪法》及《妇女权益保障法》。资助方在开展项目时，也应当对性别平等概念提高认识，积极践行公约的精神和主旨，主要体现在：①招聘项目官员时，不应将应聘者的性别，婚姻状况，家庭岗位作为是否聘用的标准；②确定受资助项目时，不应以项目受益人的性别作为衡量项目质量的单一标准；③确定收益项目时，不得选择违背《消除对妇女一切歧视公约》规定和精神的项目；④执行项目时，不得向项目受益人、社会公众宣传违反联合国《消除对妇女一切歧视公约》的理念。

---

〔1〕 *The Global Gender Gap Report* 2018, World Economic Forum, http://reports.weforum.org/global-gender-gap-report-2018/.

2. 反性骚扰、性侵犯

性骚扰的定义非常宽泛。在工作场合，任何不受欢迎并涉及性的行为或者行径都有可能被认为是性骚扰。《妇女权益保障法》规定，在工作中受到性骚扰的妇女有权向单位和有关机关投诉，该等“有关机关”既包括受害妇女所在的单位，也包括实施性骚扰行为的行为人所在单位。

目前，我国仅在《妇女权益保障法》中明确规定了禁止对妇女性骚扰，但对“性骚扰”行为尚无明确的定义。借鉴我国香港特别行政区平等机会委员会制定的《性别歧视条例雇佣实务守则》的规定，性骚扰行为主要包括：

(1)不受欢迎的性要求，例如挤眉弄眼、淫亵动作、触摸、抓弄或故意摩擦他人身体；

(2)提出不受欢迎的要求以获取性方面的好处，例如向对方暗示在性方面予以合作或容忍其性要求会有助对方的事业发展；

(3)不受欢迎的口头、非口头或身体上涉及性的行径，例如在性方面有贬抑成分或有成见的言论、不断追问某人的性生活；

(4)涉及性的行径，借此营造一个在性方面有敌意或具有威吓性的工作环境，例如在工作场地高谈与性有关的淫亵笑话、展示有性别歧视成分或与性有关的不雅图片或海报。[1]

对于性骚扰行为的明确界定提高了社会公众对于性骚扰行为的认识，也增加了相关法律法规的实践性。

应当注意的是，性骚扰或者性侵犯的受害人并不仅限于女性，其施害人也并不仅限与男性。同性之间、异性之间均有可能实施性骚扰和性侵害。无论是何种性别，何种性倾向，都应当在项目实施过程中对于性骚扰、性侵犯行为引起重视。一方面应当注意自身言行，避免使用带有歧义的语言，实施可能逾矩的行为；另一方面应当注意他人在项目实施过程中是否存在性骚扰行为，如遇他

〔1〕《性别歧视条例》第六十九条第十四项。实务守则中也指出，“除非有合理的理由，雇主宜遵行本守则的指引及建议的良好常规”，不过对于不同规模的企业要求有所差别，比如《性别歧视条例雇佣实务守则》中提到“本守则以一般性原则处理基于性别、婚姻状况、怀孕而产生的歧视及性骚扰问题，雇主可视乎机构的规模及结构采纳本守则提出的建议。举例而言，小型企业的处事程序较简单，故未必适合实行本守则内所有建议。但小型公司仍须确保其处事方式符合《性别歧视条例》及本守则的精神”。

人存在可能被认为是性骚扰、性侵犯行为，应当立即制止并根据行为守则报告基金会处理该等行为的组织或有关部门。这不是对他人行为的举报，而是对潜在受害人的保护。

基金会在项目资助工作中应当明确自身对性骚扰的零容忍态度，向项目资助工作中的所有参与者强调不得实施任何性骚扰、性侵犯行为，并鼓励项目工作的参与人，包括但不限于项目官员、供应商，尤其是受助人，在遭受性骚扰、性侵犯后时及时制止，事后及时向本基金会或有关部门报告。

基金会应当同时设立针对性骚扰的投诉机制，在基金会内部建立反性骚扰、性侵犯机制，并就处理该等问题成立专门的调查小组和应急预案。

3. 反腐败

即使在全球化和信息化的今天，有寻租空间的地方就有腐败，而阳光是最好的防腐剂，公益事业有必要曝光在阳光下，接受外部的监督以提高自身的公信力。腐败和其他犯罪一样，其盛行的主要原因是：有为非法行为提供机会的环境、人们普遍有利用这类机会的动机，以及社会控制力薄弱。为了控制腐败现象，打击跨国、跨区域的腐败犯罪，《联合国反腐败公约》制定了一系列综合性条款，通过预防措施对腐败现象进行事前控制，同时制定了与刑事定罪、执法和管辖权相关的条款以及资产追回的相关条款，要求实施腐败的行为人就其已实际实施的行为进行事后的责任承担和弥补，并且促进国际合作。但《联合国反腐败公约》所称的犯罪原则上并不一定要对国家财产造成损害和侵害。[1]

基金会的本质是关注社会公众利益的行善平台，只有成为"透明的钱口袋"，才能赢得社会公众的信任。《联合国反腐败公约》第九条为各国实现相关组织和机构的透明度提供了一定的指引。它要求各缔约国根据本国法律制度的基本原则采取必要步骤，建立对预防腐败特别有效的以透明度、竞争和按客观标准决定为基础的适当的采购制度，并且应当根据本国法律制度的基本原则采取适当措施，促进公共财政管理的透明度和问责制。[2] 换言之，基金会要尽

〔1〕《联合国反腐败公约》第三条，载 https://www.un.org/zh/issues/anti-corruption/uncac_text.shtml。

〔2〕《联合国反腐败公约实施立法指南（2012 年第二修订本）》，载 https://www.un.org/zh/issues/anti-corruption/pdfs/legislative_guide.pdf。

可能做到公正、公开、透明，让公众知道捐赠资金的投向，了解管理成本的列支比例，既要接受政府的年检、审计，还要接受捐方、媒体和社会的查询、质疑和批评[1]。只有做到信息公开，基金会的公信力和影响力才会真正建立。

所谓的信息公开就是要提高基金会工作的透明度，主要包括以下三层含义：

(1)组织透明，即基金会的设置体系公开，组织内部的职能分工、办事规则与要求以及组织内部人员的职责范围透明；

(2)管理透明，即基金会的具体行为活动过程及其具体结果公之于众；

(3)决策透明，即基金会的决策方式、步骤、顺序应向社会公众公开以及决策结果公开。[2]

第三节　如何利用行为守则解决问题

一、行为守则培训

"法的生命在于实践"，无法实践的规则只是纸上谈兵，不能真正起到其应当发挥的作用。行为守则作为基金会在执行项目中的指南，只有在实践中得到充分运用才能够起到协助作用。

正如前文所说的，任何组织机构最终都是由个人构成的。基金会所倡导的价值不会凭空实现，而是需要依靠基金会工作者在工作、项目中日复一日地不断推进才能够落实。这些基金会工作者，无论是理事、监事、项目官员等长期供职于基金会，并与机构共同成长、发展的人员，还是志愿者、实习生、顾问等短期为基金会提供服务的聘用人员，无数个人的决定聚沙成塔，最终构成了基金会的多种样态，他们在工作中所做出的选择真正反映了基金会的理念，折射了基金会的价值观。就社会公众、受助人看来，基金会并非全然是基金会所宣传的

---

〔1〕 中国红十字基金会：《遭遇郭美美之后，我们该长进些什么?》，载 https://new. crcf. org. cn/html/2012 - 10/16082318. html。

〔2〕 王勇：《试论社会组织与反腐败建设》，载《行政法学研究》2016 年第 2 期。

样子,基金会工作人员的行为时时刻刻影响着社会公众对基金会的评价,基金会工作人员的行为更为深刻地定义着基金会的全貌。

因此,基金会工作人员的行为准则对于基金会而言是十分重要的。不仅个人在工作中的行为将为基金会带来合规风险,更重要的是,基金会的价值理念最终依靠工作人员实现。

为了准确把握基金会发展的方向,降低基金会的合规风险,明确基金会的价值观和目标,基金会应当在工作人员正式开展工作前就开展相应行为守则的培训,让员工知悉、掌握这套行为守则。

然而,基金会仅仅让员工知悉行为守则的内容是不够的。拥有完善的行为守则是保障基金会人员在项目执行过程中合法、合规开展活动的重要一步,但落于纸面的行为守则有其局限性:一方面,随着时代的发展和变化,随着基金会业务的拓展,新的问题不断涌现,而行为守则的修订不能实时跟上客观情况的变化;另一方面,所有的原则、规则、方法、解决办法在某种程度上都是死板的,实际操作中的情况千变万化,行为守则所发挥的作用最终在于个人如何运用和使用,刻板套用公式并不能达到行为守则设立的最终目的。

鉴于此,基金会在开展行为守则课程时,除了明确基金会行为守则的定义和内涵之外,还应当加入:(1)基金会行为守则的理论基础;(2)基金会工作者作出决定时的自我检验标准。

1. 基金会行为守则的理论基础

基金会行为守则的理论基础与道德取向往往是与基金会的使命、愿景、目标息息相关的。

基金会开展这类课程时,可以先行陈述基金会的使命、愿景和目标,并以此引申出基金会的行为守则,并将行为守则的实践与基金会使命、愿景和目标的达成联系起来,由宏观走向微观,帮助基金会工作者理解基金会行为守则的内涵;再微观映照宏观,解释基金会行为守则缘何重要,能够在何种程度上帮助基金会实现其愿景和使命。

这样的接受有利于基金会工作者明确其工作的性质和目的,并将其工作内容与基金会的最终目标紧密地联合起来;有助于基金会工作者在日常工作中以基金会的使命为导向,开展项目并作出决定;更有益于基金会工作者以基金会使命和愿景为指南作出道德抉择，从行为上推进基金会使命和愿景进一步实现。

2. 自我检测标准

如果基金会行为守则的理论基础是基金会工作者在航行中的灯塔，那么自我检测标准就是帮助基金会工作者抵达灯塔的罗盘和地图。

在当基金会工作者在资助工作中试图做出一个决定的时候，可以用以下的四种办法进行自我检测，如果未通过至少两种检测，那就很可能是错误的。这实际上是一种通过量化的方式来判断对错的方法。

(1)合法性检测。该选择是否违法。一般情况下，法律是基金会行为不可逾越的一道底线。

(2)行业标准检测。该选择是否与行业发布的行为标准一致。如果同行在场，他们会怎么说，怎么做?

(3)头版效应检测。如果你的决定被刊登在当地报纸的头版，你会感觉如何? 想象你自己的决定正在展示给每一位认识的人看。

(4)榜样检测。想出你非常尊敬的人，如果是他/她来做决定，他/她将会怎么做?〔1〕

二、建立违背行为守则的处理机制

有了条款守则，基金会还需要建立相应的处理机制，来监督、确保行为守则的规定能在实践中被严格执行。否则，行为守则的制定只是一纸空谈，沦为外表好看实则无用的宣传品。

处理机制的建立要求基金会在内部制定正式的反对“不正确行为”的政策，经常性地开展对行为守则的教育和宣传，并且建立合理的内部投诉程序。合理意味着相关人员利用内部投诉程序进行投诉时，无须承担不必要的风险和花费，并且投诉能得到及时处理。借鉴《联合国反腐败公约》〔2〕第八条第四款中的规定，各缔约国应当依据本国的基本规则，制定适合本国的举报制度。同时

〔1〕［美］弗雷德·塞特伯格、柯尔邦·S. 威尔伯:《基金资助工作基础指导大全——资助者使用指南》，商务印书馆 2018 年版。

〔2〕《联合国反腐败公约》，载 https://www.un.org/zh/issues/anti-corruption/uncac_text.shtml。

第三十三条也规定了保护善意举报人职务的措施。另外,《联合国反腐败公约实施立法指南(2012年第二修订本)》认为这种举报制度必须规定明确的书面义务,指明在内部和(或)外部应向什么人报告(对于内部举报,假如嫌疑人是上级领导,则可规定另外一种办法),将举报制度具体化,增强针对性,强化问责制。

建立处理机制的意义之一,在于表明雇主善意而积极地保障雇员、志愿者、利益相关者等人员的权益。如性骚扰预防机制和应对机制的确立表明了雇主保障雇员不因自身性别被他人骚扰、冒犯的积极意图,这一方面能营造出让雇员安心的友好工作氛围,另一方面当性骚扰发生后,如果雇员使用了相应的机制申诉,雇主按照机制进行了及时的处理,可以一定程度上减轻甚至免除雇主的责任。

此外,处理机制的建立可以纠正权力差异带来的伤害,将赋予违反者的权力收回,及时止损。具有管理职能的雇员更有可能违反行为守则,因为他们处于有利地位,有权力掩盖自己的行为或是逃避处罚。例如,有管理职能的雇员霸凌下属,但因为他握有管理权力,受害者不敢也无法主张自己的权利。而违反者能对受害者的工作条件造成切实影响,也是雇主赋予的权力。如果基金会内部有应对机制,受害者可以向机构内部有更高权力的相应部门申诉,对该管理者实施处罚,减少会损害基金会形象的行为的发生。

再者,机制的建立可以有效地震慑和预防违规行为。当基金会的雇员清楚违规行为会得到什么样的惩罚,并且他人有监督和投诉自己行为的权利时,会对自己的行为更谨慎。

最后,基金会的公益性质决定了机制的建立可以增强社会上有效实施行为守则的信心,从而促进基金会在社会上的发展。(基金会项目资助行为守则见本手册合规工具包编号:Ⅷ《项目资助行为指南》)

第四部分

合规工具包

编号：Ⅰ－1 《理事会制度》

【×】基金会
理事会制度

第一章 总 则

第一条 为规范【×】基金会（以下简称本基金会）理事会的组建方式、决策程序和管理行为，保证理事会依法行使职权、履行职责，依据《基金会管理条例》等法律法规和本基金会的章程，制定本制度。

第二条 理事会是本基金会的最高决策机构，依法行使章程规定的职权，保障基金会的健康发展。

第三条 本基金会实行理事会领导下的理事长负责制。

第二章 理事会组成

第四条 本基金会的理事组成人数、任期由本基金会章程规定。

> **提示1**：基金会理事人数不少于5人，且不多于25人。理事每届任期不得超过5年。一些地方民政对于理事会的人数有奇数要求。

第五条 理事的资格、理事的产生和罢免由本基金会章程规定。

> **提示2**：基金会可根据章程并结合实际进行细化或补充。例如理事资格可以作如下规定：
>
> （1）热心基金会所从事的公益事业；
>
> （2）具有与业务工作相适应的工作阅历和工作经验；
>
> （3）能够尽职尽责，保障捐赠财产的使用符合捐赠人的意愿和基金会的公益目的，努力保障基金会财产的安全及保值增值；
>
> （4）廉洁奉公，办事公道。

第三章　理事会职责、职权

第六条　理事会行使下列职责、职权：

（一）制定、修改章程；

（二）选举、罢免理事长、副理事长、秘书长；

（三）决定重大业务活动计划，包括资金的募集、管理和使用计划；

（四）年度收支预算及决算审定；

（五）制定内部管理制度；

（六）决定设立办事机构、分支机构、代表机构；

（七）决定由秘书长提名的副秘书长和各机构主要负责人的聘免；

（八）听取、审议秘书长的工作报告，检查秘书长的工作；

（九）决定基金会的分立、合并或终止；

（十）决定其他重大事项。

第四章　理事及其职责、职权

第七条　理事行使下列职权：

（一）在理事会会议上充分发表意见，对表决事项行使表决权；

（二）理事有权查阅理事会记录和基金会财务会计报告，提出质询并要求说明；

（三）理事有权调阅本基金会档案、文件或约见本基金会工作人员了解情况，查询或调查本基金会的工作；

（四）理事有权参与本基金会内部事务的管理；

（五）理事有向理事长提出召开临时会议或特别会议的建议权。

第八条　理事应履行下列职责：

（一）理事应当遵守本基金会章程，遵从理事会做出的决定，忠实履行职责，维护本基金会及其理事会的利益，不得利用在本基金会的职权为自己谋取私利，不得侵占、挪用本基金会财产，不得从事损害本基金会利益的活动；

（二）理事负有不泄露本基金会秘密的义务，在未获得授权的情况下，不能代表理事会和本基金会对外承诺；

（三）积极参加理事会议并参与理事会的其他各项活动；应积极参与基金会组织的资助项目考察、监督和检查验收活动，增进对基金会工作的了解；

（四）理事应当仔细审读本基金会的财务报告，谨慎决策资金控制和运作，积极为基金会的发展提出意见和建议；

（五）理事应掌握本基金会的竞争优势、劣势和需求，有义务拓展资源网络，动员社会力量，为本基金会及其各项事业的持续发展提供支持；

（六）理事应当支持秘书处工作，建设良性互动关系，正常情况下不干预秘书处职责范围内的工作；

（七）推荐理事和监事；

（八）承担力所能及的理事会下属各专业小组的工作；

（九）贯彻基金会宗旨，执行基金会的决议，完成基金会交办的任务。

提示3：理事的职权和职责是为了更好地履行理事会职责，基金会可根据实际情况进行增减、修改。

第五章　理事会机构和执行管理

第九条　理事会可根据需要，聘请若干名对机构事业给予长期支持和做出重大贡献的海内外人士为名誉理事。理事会支持名誉理事参与机构活动，鼓励其对机构提出建设性的意见和建议，提倡其为本基金会及其各项事业的持续发展提供资源支持。名誉理事由当届理事会选任。

第十条　本基金会执行管理层由理事长、副理事长组成，由理事会选举产生。

第十一条　基金会理事长、副理事长、秘书长必须符合以下条件：

（一）为出资人或在本基金会业务领域内有较大的影响；

（二）身体健康，能坚持正常工作；

（三）理事长、副理事长、秘书长最高任职年龄不超过70周岁，秘书长为专职。

第十二条　有下列情形之一的人员，不能担任本基金会的理事长、副理事长、秘书长：

（一）属于现职国家工作人员的；

（二）因犯罪被判管制、拘役或者有期徒刑，刑期执行完毕之日起未逾五年的；

（三）因犯罪被判处剥夺政治权利正在执行期间或者曾经被判处剥夺政治权利的；

（四）曾在因违法被撤销登记的基金会担任理事长、副理事长或秘书长，且对该基金会的违法行为负有个人责任，自该基金会被撤销之日起未满五年的；

（五）无民事行为能力或者限制民事行为能力的；

（六）在被吊销登记证书或者被取缔的组织担任负责人，自该组织被吊销登记证书或者被取缔之日起未满五年的；

（七）法律、行政法规规定的其他情形。

第十三条 担任本基金会理事长、副理事长或者秘书长的我国香港居民、澳门居民、台湾居民以及外国人，每年在中国内地（大陆）居留时间不得少于3个月。

第十四条 基金会的理事长、副理事长、秘书长的任期由章程规定。理事长、秘书长不得由同一人兼任。

第十五条 理事长为本基金会法定代表人。本基金会法定代表人不兼任其他组织的法定代表人。

本基金会法定代表人应当由中国内地居民担任。

基金会法定代表人在任期间，基金会发生违反《基金会管理条例》和本基金会章程的行为，法定代表人存在主观过错的应当承担相关责任。因法定代表人失职，导致本基金会发生违法行为或本基金会财产损失的，法定代表人应当承担个人责任。

第十六条 理事长行使下列职权：

（一）召集和主持理事会会议；

（二）检查理事会决议的落实情况；

（三）代表本基金会签署重要文件；

（四）作为基金会的主要发言人，代表基金会出席重要会议和活动。

第十七条 理事长应履行下列职责：

(一)严格执行理事会的决议,定期向理事会报告工作;

(二)遵守章程,忠实履行职务;

(三)组织研究本基金会的发展目标、方针和发展战略;

(四)按照决策权限和程序,做到民主决策和科学决策;

(五)自觉接受理事会和监事的监督;

(六)履行章程规定的其他责任和义务。

提示4:理事长的其他职权和秘书长的职权从以下选项中确定,理事长和秘书长的职权不能重叠,可根据实际情况进行细化或补充:

(1)主持开展日常工作,组织实施理事会决议;

(2)拟订资金的重大募集【公募基金会】/重大筹集【非公募基金会】、重大投资和资产管理与使用计划、公益项目计划安排;

(3)组织实施本基金会年度公益活动计划;

(4)拟订本基金会内部管理制度,报理事会审批;

(5)协调各内设机构开展工作;

(6)提议聘任或解聘副秘书长和财务负责人,由理事会决定;

(7)提议聘任或解聘各内设机构负责人,由理事会决定;

(8)决定各内设机构专职工作人员聘用;

(9)基金会章程和理事会赋予的其他职权。

第六章 理事会会议

第十八条 理事会每年至少召开2次会议。理事会会议由理事长负责召集和主持。有1/3理事提议,必须召开理事会会议。如理事长不能召集,提议理事可推选召集人。召开理事会会议,理事长或召集人需提前5日通知全体理事、监事。

第十九条 理事会会议须有2/3以上理事出席方能召开;理事会决议须经出席理事过半数通过方为有效。

下列重要事项的决议,须经出席理事表决,2/3以上通过方为有效:

(一)章程的修改;

(二)选举或者罢免理事长、副理事长、秘书长;

(三)章程规定的重大募捐、投资活动;

(四)基金会的分立、合并。

提示5:基金会可根据章程并结合实际进行细化。

第二十条　理事会会议应当制作会议记录。形成决议的,应当当场制作会议纪要,并由出席理事审阅、签名。理事会决议违反法律、法规或章程规定,致使基金会遭受损失的,参与决议的理事应承担相应的赔偿责任。但经证明在表决时反对并记载于会议记录的,该理事可免除责任。

第二十一条　本基金会理事遇有个人利益与基金会利益关联时,不得参与相关事宜的决策。

第七章　理事会议案及决议执行

第二十二条　向理事会递交议案(草案)时,应一并提交该议案(草案)的说明文件、可行性分析报告、论证依据等材料。

第二十三条　理事会议案材料一般应在理事会会议召开前7天或临时理事会会议召开前3天,以书面方式递交至秘书处。

第二十四条　秘书处对理事会议案(草案)收集整理后,由理事长或召集人决定是否列入理事会议程。

第二十五条　理事会所决定的事项经理事会会议通过后,应形成理事会决议,并以文件形式下发执行。

第二十六条　理事会的决议执行,由理事长组织实施,并定期向理事会报告。

第八章　理事会经费

第二十七条　理事会工作经费从基金会行政办公支出中列支。

第二十八条　理事会、理事履行职责所发生的办公费、调研费、差旅费,经理事长签字后,在理事会经费中开支。

第九章　附　　则

第二十九条　本制度未尽事宜,依据《基金会管理条例》和本基金会章程的规定办理。

第三十条 本制度经本基金会第【×】届理事会第【×】次会议通过。本制度自理事会表决通过之日起生效。

第三十一条 本制度的解释权属于理事会。

编号：Ⅰ－2 《理事会会议召开资料》(模板)

【×】基金会
理事会会议通知

尊敬的各位理事、监事：

您好，特邀各位理事参与"【×】基金会第【×】届理事会第【×】次会议"，诚邀各位监事列席会议。会议主要议题及议程详见随本通知发送的"【×】基金会第【×】届理事会第【×】次会议议程"。

本次会议时间定于：【×】年【×】月【×】日【×】－【×】，会议地点定于：【×】，请各位理事、监事准时到场参会。如有伙伴无法在该时间内出席会议，请于收到本通知之日起至【×】年【×】月【×】日前发送邮件或致电【×】，超过两位理事请假，我们将更改会议时间。

特此通知！

【×】

［召集人］

提示：理事会会议由理事长负责召集和主持。有1/3理事提议，必须召开理事会会议。如理事长不能召集，提议理事可推选召集人。

【×】基金会
第【×】届理事会第【×】次会议议程

会议时间：【×】年【×】月【×】日【×】-【×】

会议地点：【×】

会议议程：

1. 对【×】事项进行表决。

2. 对【×】事项进行讨论。

3. 就【×】事项向理事会报告。

如各位理事还有其他议题需在理事会上讨论，可在【×】年【×】月【×】日前发邮件或致电【×】，将议题内容详细告知。

提示：理事会作为基金会的决策机构，主要职权可以概括为制定、修改章程及内部管理制度；选举、罢免负责人；决定机构的重大事项；检查秘书长的工作；年度收支预算及决算审定。

【×】基金会
第【×】届理事会第【×】次会议
投票表决表(票根)
批准【请输入待表决事项】

同意	反对	弃权

投票说明:

1. 本次会议投票为无记名制投票。
2. 您可自行勾选符合自己意愿的选项,我们会尊重您的意愿及投票结果。
3. 您的投票票根将会留存在【×】基金会档案中,作为存档备查资料,您不能带走投票票根的原件;如果您有特殊需求需要本次投票的票根可选择拍照、复印、扫描的方式留存票根。
4. 全体理事、监事、本基金会全职员工都有资格查阅本次投票的票根,投票结果。
5. 投票后我们会现场统计投票结果,请全体参与投票成员签署投票结果确认函。

【×】基金会
第【×】届理事会第【×】次会议投票结果确认

会议时间:【×】年【×】月【×】日【×】-【×】

会议地点:【×】

出席者:【×】

主持人:【×】

投票结果统计:

【请输入待表决事项】(监事不参与投票,理事投票)。投票结果:【×】票同意,【×】票反对,【×】票弃权。

投票者签名:

________________	________________	________________
[理事名称]	[理事名称]	[理事名称]
________________	________________	
[理事名称]	[理事名称]	

【×】基金会
第【×】届理事会第【×】次会议纪要

会议时间:【×】年【×】月【×】日【×】-【×】
会议地点:【×】
出席者:【×】
列席:【×】(监事)
主持人:【×】

本次理事会会议议程:
1. 就选举【×】事项进行无记名投票;
2. 就决定【×】事项进行讨论并进行举手表决;
3. 审阅【×】报告。

本次会议的会议纪要:
1. 审议【×】事项
表决结果:【×】票同意,【×】票反对,【×】票弃权。
2. 审议【×】事项
表决结果:【×】票同意,【×】票反对,【×】票弃权。

【×】基金会
第【×】届理事会第【×】次会议决议

会议时间：【×】年【×】月【×】日【×】-【×】

会议地点：【×】

出席者：【×】

列席：【×】(监事)

主持人：【×】

决议内容：

1. 全体理事无记名投票决定【×】事项；
2. 五分之四理事无记名投票同意【×】事项；
3. 全体理事审阅通过【×】报告。

理事签名：

______________	______________	______________
[理事名称]	[理事名称]	[理事名称]
______________	______________	
[理事名称]	[理事名称]	

编号：Ⅱ－1 《公益项目管理制度》

公益项目管理制度

第一章 总 则

第一条 为规范【×】基金会（以下简称本基金会）公益项目的设立与运作，合理设计项目，优化实施流程，降低运行成本，提高项目实施效果和财产使用效益，根据《中华人民共和国慈善法》《基金会管理条例》《民政部关于印发〈关于规范基金会行为的若干规定（试行）〉的通知》等规定和本基金会的章程，结合基金会评估指标和本基金会实际，制定本制度。

第二条 理事会和秘书处是项目管理的决策机构，基金会项目部门是基金会项目的执行机构。

第三条 项目经费的管理和使用应当符合本基金会财务管理相关的制度。

第二章 项目立项

第四条 基金会应当及时制订年度慈善项目计划，并报请理事会审议。

年度慈善项目计划应当作为年度内项目执行的基础，但不因此而限制项目的实施与发展；如果在实施过程中出现新的项目机会或项目关键因素发生重大变化，在充分论证的基础上可适度对年度慈善项目计划进行调整，并报理事会批准。

第五条 项目立项应当充分考虑项目的公益性、可行性、影响力、创新性、可持续性、社会效益等。

（一）项目必须符合章程规定的宗旨和公益活动业务范围；

（二）本基金会人、财、物等资源对该项目的支持能力；

(三)项目应具备一定的影响力,具有形成一定知名度和品牌的潜质;

(四)项目应力争具备创新性,关注新的社会领域;

(五)项目应力争具备一定的可持续性或具备可持续发展潜力,努力保障持续性的资金投入和受助方的持续性发展;

(六)项目社会效益显著,收益人群广、覆盖面大。

提示1:基金会可根据章程并结合实际进行细化补充。

第六条 基金会建立公平公开的项目选择机制,确保项目立项和选择执行方的合理性。

确定公益资助受益人,应当坚持公开、公平、公正的原则。

第七条 外部申请项目的立项,申请方应提交项目立项申请书,内容包括:项目名称、项目背景、项目内容、项目目标、预期效果、项目预算等。

项目评审应当经过充分的可行性论证或必要的实地调研,涉及专业领域的,必要时可请有关专家协助。

第八条 捐赠协议中已明确具体项目方案的,应当严格按照协议约定执行;没有约定具体项目方案的,应当合理制订项目方案,并征得捐赠方同意。

第九条 基金会自设项目,应当注重自身特点和特长,充分发挥自身优势,提升项目效益。

第十条 特殊项目的立项要符合有关法律法规的规定。

第十一条 在年度公益项目计划内的一般项目需经过秘书处批准,重大项目立项或在年度慈善项目计划外的项目立项需经过理事会批准,经批准后的项目方可进入实施阶段。

提示2:项目审批流程可根据基金会机构情况进行规定。

第十二条 重大项目是指:

1. 当年该项目的捐赠支出超过人民币50万元的;

2. 当年该项目的预算占基金会当年总支出的1/5以上且金额超过人民币50万元的;

3. 持续时间超过 3 年的。

> **提示 3**:基金会可根据要求自行调整重大项目的金额标准及周期。

第三章 项目实施

第十三条 项目实施前要编写项目实施方案。

第十四条 批准立项的项目应当确定项目负责人,具体负责项目的实施及联络项目相关单位,对项目进行全程跟踪,定期反馈执行和进展情况。

> **提示 4**:基金会内设项目和外部申请的项目的负责人均应由基金会项目管理人员担任。基金会可设立项目管理部监督项目执行工作。

第十五条 项目部门定期开展会议,对执行过程中的阶段性成果、里程碑式事件进行总结,形成会议纪要,会议纪要应包括:阶段目标的达成情况、需采取的措施、上次会议措施的完成情况等。项目部门的主要负责人控制项目过程中的风险点。

第十六条 项目实施中,基金会项目部门要监督项目运行情况,协调处理项目实施中的问题。项目部门的主要负责人须定期向秘书处汇报项目的情况。重大事项及时向理事会报告。

第四章 项目评估

第十七条 项目评估和反馈:项目完成后由项目负责人提交项目执行和反馈报告,项目部门的主要负责人审核,秘书处将对项目结果进行评估。报告应包括:目标或要求是否实现、输出文件或记录是否完整、项目执行是否在预算范围内。必要时请外部专家进行成果鉴定,并形成会议记录。

第十八条 项目验收结果在对外公布前,须报经秘书处同意,认为必要时可请示理事会同意。

第十九条 立卷归档。一个项目一个档案,包括从项目申请到项目结束的所有资料。

提示5:归档方式参考基金会的档案管理制度。

第五章 附 则

第二十条 本制度未尽事宜或与有关规定不一致的,按有关规定执行。

第二十一条 本制度由理事会负责解释。

第二十二条 本制度自[×]年[×]月[×]日理事会审议通过后执行。

编号:Ⅱ－2 《专项基金管理办法》

专项基金管理办法

> **提示1:**基金会应当确保专项基金的申请人或设立发起人充分知晓并同意受本管理办法的约束。必要时,本管理办法可以作为专项基金的协议的一部分一并签署。

第一章　总　　则

第一条　为规范专项基金管理,促进社会力量参与公益事业,根据《中华人民共和国慈善法》、《中华人民共和国公益事业捐赠法》、《基金会管理条例》等有关法律、法规和《【×】章程》(以下简称章程),制定本办法。

第二条　本办法所称的专项基金是指捐赠方(本办法的捐赠方包括专项基金发起方、申请方等,以下统称为捐赠方)发起,以支持符合本基金会宗旨的公益事业为目的,在基金会的基本账户下,设立专项基金科目,按照捐赠方的意愿,专款专用,并遵守本办法管理的专项资金。

第三条　为规范专项基金的设立与运作,【×】基金会(以下简称基金会)对专项基金的设立进行审核。专项基金团队(基金会中具体负责专项基金业务的部门)代表基金会行使专项基金的设立及相关管理工作。

第二章　专项基金设立

第四条　境内外关心和支持公益、慈善事业的企业、团体和个人可依本办法向基金会申请发起设立符合基金会宗旨的多种形式的专项基金。对于来自境外的资金,须符合法律法规的规定,并经理事会讨论通过,一事一议。

> **提示2**：基金会与境外非政府组织合作设立专项基金的，根据《境外非政府组织境内活动管理法》的规定，如果境外非政府组织未设立代表处，应由基金会作为中方合作伙伴进行临时活动备案。
> **提示3**：基金会接受境外捐赠的，需要根据重大事项报告制度向登记管理机关报告。

第五条　专项基金的名称应当符合专项基金设立目的，可由捐赠方提出并经基金会审核后命名，或者由捐赠方与基金会共同协商命名。专项基金名称前应冠以本基金会的全称，对外一律使用经基金会审定的专项基金名称，如"【×】基金会×××专项基金"。

> **提示4**：基金会要监督专项基金使用带有基金会全称的规范名称。

第六条　专项基金的发起额度为【×】万元人民币（以下均指人民币）以上（包含【×】万元人民币），特殊情形下经基金会理事会同意可适当降低发起额度。专项基金捐赠方应当在签署《专项基金设立协议》后一次性向基金会捐赠所约定的发起额度。

> **提示5**：专项基金的发起额度没有法定要求，基金会可自行制定。

第七条　专项基金设立流程

（一）捐赠方应当向基金会提交专项基金设立的申请资料和专项基金方案，内容包括：设立背景、名称、宗旨及任务、捐赠金额、资金用途方向、资助对象、资金支出方式、合作及执行团队，公益项目规划及时间表，资助方向及对象，资金来源、预算使用及管理等内容。原则上专项基金设立期限一般不低于三年。

（二）专项基金团队将上述材料统一汇总后，由基金会秘书处/秘书长交由以下相关人员进行确认：

1. 对于发起额度低于【×】万元的专项基金，由理事长确认通过后，该专项基金正式立项；

2. 对于发起额度在【×】万元以上（包含【×】万元）的专项基金，需提交理事会进行表决，理事会通过后，该专项基金正式立项。

> **提示6**：基金会可根据专项基金会的金额大小采取分级审批的方式。

（三）基金会与拟成立专项基金的捐赠方签署《专项基金设立协议》后，专项基金正式成立。

（四）由专项基金团队为核准的专项基金建立档案，并由专项基金团队负责该专项基金的日常管理与定期披露。

第八条　基金会收到捐赠款物后，向捐赠方开具《公益事业捐赠统一票据》，捐赠方依法享受国家税收优惠。

第三章　管 理 机 构

> **提示 7：**本章主要规定的是专项基金管理委员会的组成和职权，通过组成安排专门的管理部门加强专项基金的监督管理。

第九条　专项基金一经设立，应根据实际情况成立相应的专项基金管理委员会（以下简称管委会）。管委会应由基金会和捐赠方共同派员组成。

第十条　管委会成员一般 3 ~ 9 人，设主席 1 人，主席应由基金会派员担任。具体人数和组成结构由基金会与捐赠方具体商定。除专项基金设立协议中另有约定外，管委会各成员具有同等表决权。

第十一条　管委会可根据需要设置执行团队，在管委会的领导下，具体负责专项基金的内部管理、宣传推广、筹资联络等工作。

第十二条　专项基金管委会的主要职责：

（一）保证专项基金的使用及所资助的项目符合国家有关政策及基金会的章程和专项基金的宗旨；

（二）审核专项基金的管理规则和管理流程；

（三）审议和批准专项基金管委会办公室提交的年度预算和资助计划、工作报告；

（四）安排对专项基金进行年度财务审计；

（五）决定专项基金的筹集和使用方向；

（六）其他需要管委会决定的事项。

第十三条　专项基金管委会每年至少召开 1 次会议（可通过电话会议、网络会议等形式），会议由管委会主席负责召集，须有 2/3 以上管委会成员出席才能形成决议。管委会成员不能出席会议的，可书面委托他人（包括管委会其他成员）代表出席。

第十四条 专项基金根据工作实际需要，可聘请人员担任其专项基金的荣誉职务。

第十五条 管委会成员均有权对基金管理、项目实施进行监督，并提出合理化建议。

第四章 专项基金的使用与管理

提示8：本章规定了基金会对专项基金的管理职能，包括专项基金的财务审计、保值增值、基金会单方面终止专项基金、信息公开等。

第十六条 专项基金的使用与管理必须遵守基金会的章程、财务管理制度、信息公开制度、其他内部规章制度等。

第十七条 专项基金设置专门明细科目，单独核算审计，避免与其他捐款混淆。每年年底，专项基金应向捐赠方提交财务收支情况。

第十八条 基金会对专项基金实行动态管理，每次使用后，及时核算该专项基金余额。捐赠方可以对专项基金的管理等有关工作进行监督和管理。

第十九条 基金会对专项基金可提取管理成本，用于基金会的专项基金管理人员费用和行政开支。管理成本由基金会与捐赠方在《专项基金设立协议》中另行约定。

第二十条 依据国家有关规定，管委会在安全、合法、有效的前提下，可通过银行或其他途径对专项基金进行增值管理，提高专项基金收益；专项基金的保值增值应当按照民政部对慈善组织保值增值行为管理的相关规定执行。

第二十一条 专项基金每年用于从事公益、慈善事业支出比例由基金会与捐赠方另行协商。

第二十二条 专项基金至少每三个月公开一次项目实施情况，项目结束三个月内，应当公布项目实施情况和募得款物使用情况。

第二十三条 在专项基金存续期间，发现有不符合非公募要求的、资金使用和信息披露等不符合要求的情况，基金会有权要求其在一周内停止专项基金活动并进行整改;如在三个月内未进行整改,或整改后依然不符合要求的,基金会有权终止该专项基金。

第二十四条 专项基金不得设立分支机构,专项基金不得再设立专项基金。

第二十五条 专项基金必须依法使用带有基金会全称的规范名称。专项基金不得以独立组织的名义开展募捐、与其他组织和个人签订协议或开展其他活动;未经党政机关或者其他组织同意,不得以其名义对外宣传或开展业务活动。

第二十六条 基金会应对专项基金的活动实施全过程监管,对专项基金的人员实施严格管理。基金会应当根据专项基金的设立目的,按照《专项基金设立协议》的约定管理和使用捐赠财产,专款专用。专项基金列支管理成本时,捐赠协议有约定的,按照其约定;捐赠协议未约定的,除为实现专项基金公益目的确有必要之外,一般不超过该专项基金年度总支出的30%。专项基金的收支应当全部纳入基金会账户,不得使用其他单位、组织或个人账户,不得开设独立账户和刻制印章。

第二十七条 基金会应做好专项基金的信息公开工作,对专项基金的设立和终止信息、管理架构和人员信息、开展的募捐和公益资助项目等信息依照有关法律法规进行全面及时披露。基金会应当按照行业主管单位和登记管理机关的要求,通过年度工作报告和其他方式就专项基金的情况进行报告、接受监管。

第五章 专项基金的终止

第二十八条 遇下列情况,基金会有权终止该专项基金:

(一)所支持的公益项目已终止或专项基金使命已完成;

(二)实施过程中专项基金的使用严重违反有关法律法规或基金会内部管理制度,或专项基金协议约定;

(三)专项基金持续六个月账面余额低于【×】万元,且捐赠者无续捐计划的;

(四)其他需终止专项基金的情况。

提示9:最低账面额度应为发起额度。

第二十九条 基金会将定期对下设专项基金进行清理整顿,对于长期不开展活动、管理不善的专项基金要及时督促整改,必要时应当予以终止。专项基金终止的,基金会应当做好后续事宜,妥善处理剩余财产,保护专项基金捐赠人和受助人的合法权益。

第三十条 专项基金终止后由基金会和管委会委派相关人员对该基金进行清算。

第三十一条 专项基金终止后的剩余财产,由管委会按照捐赠方意愿形成决议,经基金会批准后处理;没有明确指向的,按国家有关规定,交由基金会用于开展与本基金会宗旨相关的公益活动。

第六章 附 则

第三十二条 本办法的修订、补充与解释权属于基金会。

第三十三条 本办法自基金会理事会批准于[×]年[×]月[×]日执行。

编号:Ⅲ－1 《捐赠管理办法》

捐赠管理办法

提示1:基金会应当确保专项基金的申请人或设立发起人充分知晓并同意受本管理办法的约束。必要时,本管理办法可以作为专项基金的协议的一部分一并签署。

第一章 总 则

第一条 为规范[×]基金会(以下简称本基金会)捐赠财产管理,明确捐赠程序,保证捐赠财产发挥最大效益,确保捐赠人、受助人及本基金会的合法权益,根据本基金会章程和国家有关法律规定,特制定本办法。

第二条 本办法所指的捐赠是指认同本基金会宗旨的自然人、法人或者其他组织,向本会捐赠的各类资产。本基金会接受社会捐赠的基本原则是:

1. 符合国家的法律、法规和有关规定;
2. 遵循捐赠自愿和无偿的原则,不得强行摊派或变相摊派;
3. 尊重捐赠人意愿与符合本基金会宗旨,不得将捐赠财产挪作他用。

第三条 本办法适用于本基金会所有的捐赠接收与捐赠使用活动。

第二章 接受捐赠

第四条 本基金会应在宗旨和业务范围内接受捐赠。捐赠范围包括但不限于货币资产、实物、股权、债券和无形资产等。

第五条 本基金会接受捐赠,应当与捐赠人明确权利义务,捐赠人要求订立书面捐赠协议的,应当订立书面捐赠协议;本基金会接受[×]元以上的捐赠,应当与捐赠人签订书面捐赠协议。

提示 2:基金会应当根据基金会体量和实际情况,确认签订捐赠协议的情形。

第六条 本基金会接受捐赠应当确保公益性。附加对捐赠人构成利益回报条件的赠与和不符合公益性目的的赠与,不应确认为公益捐赠,不得开具捐赠票据。

第七条 本基金会应当在实际收到捐赠后据实开具捐赠票据。捐赠人不需要捐赠票据的,或者匿名捐赠的,也应当开具捐赠票据,由本基金会留存备查。

第八条 本基金会接受非现金捐赠,应当在实际收到后确认收入并开具捐赠票据。受赠财产未经本基金会验收确认,由捐赠人直接转移给受助人或者其他第三方的,不得作为本基金会的捐赠收入,不得开具捐赠票据。

第九条 本基金会接受非现金捐赠,应当按照以下方法确定入账价值:

1. 捐赠人提供了发票、报关单等凭据的,应当以相关凭据作为确认入账价值的依据;捐赠方不能提供凭据的,应当以其他确认捐赠财产的证明,作为确认入账价值的依据。

2. 捐赠人提供的凭据或其他能够确认受赠资产价值的证明上标明的金额与受赠资产公允价值相差较大的,应当以其公允价值作为入账价值。

3. 捐赠人捐赠固定资产、股权、无形资产、文物文化资产,应当以具有合法资质的第三方机构的评估作为确认入账价值的依据。无法评估或经评估无法确认价格的,本基金会不得计入捐赠收入,不得开具捐赠票据,应当另外造册登记。

4. 本基金会接受食品、药品、医疗器械等捐赠物品时,应当确保物品在到达最终受益人时仍处于保质期内且具有使用价值。

5. 本基金会接受企业捐赠该企业生产的产品,应当要求企业提供产品质量认证证明或者产品合格证,以及受赠物品的品名、规格、种类、数量等相关资料。

第三章 捐赠物资的管理和使用

第十条 本基金会与捐赠人订立了捐赠协议的,应当按照协议约定使用受赠财产。如需改变用途,应当征得捐赠人同意且仍需用于公益事业;确实无法征求捐赠人意见的,应当按照基金会的宗旨用于与原公益目的相近似的目的。

第十一条 捐赠人捐赠的实物不易储存、运输或者难以直接用于慈善目的的,本基金会可以依法拍卖或者变卖,所得收入扣除必要费用后,应当全部用于公益目的。

第十二条 在捐赠物资的管理和使用方面,本基金会将自觉接受相关主管单位的监督,亦接受社会各界的监督。

第十三条 捐赠者有权向本基金会查询捐赠物资的使用、管理情况,并提出意见和建议。对于捐赠者的查询,本基金会应当如实答复。

第四章 法 律 责 任

第十四条 捐赠者须认真履行捐赠协议,应按照捐赠协议约定的期限和方式将捐赠物资转交本基金会。对不能按时履约的,应及时向本基金会说明情况,并签订补充履约协议。

第十五条 本基金会所接受的捐赠应当用于符合本基金会宗旨和业务范围的公益项目和公益活动,不得以任何理由挪作他用。

第五章 附 则

第十六条 本制度未尽事宜或与有关规定不一致的,按有关规定执行。

第十七条 本制度由理事会负责解释。

第十八条 本制度自[×]年[×]月[×]日理事会审议通过后执行。

编号:Ⅲ－2 《捐赠协议——捐款》

捐赠协议

> **提示1:**请根据实际情况,将需要捐赠人遵守的前述制度作为本协议的附件。

本捐赠协议(以下称本协议)于________年____月____日由以下双方在__________签订:

甲方:

统一社会信用代码:

联系地址:

联系电话:

乙方:

统一社会信用代码:

联系地址:

联系电话:

> **提示2:**在捐赠人为个人的情况下,"统一社会信用代码"应改为"身份证号码"。

根据《中华人民共和国慈善法》、《中华人民共和国公益事业捐赠法》以及其他相关的法律法规的规定,甲乙双方在平等、自愿、协商一致的基础上,达成如下协议:

第一条 捐赠财产的信息

甲方向乙方捐赠人民币________元(大写:________________),并于本协议生效后____个工作日内(________年____月____日之前)将捐赠资金交付给乙方。

第二条 捐赠财产的交付方式

捐赠财产的交付方式为银行转账。乙方的账户信息如下：

开户名	
开户行	
账户	

如因突发性自然灾害或其他民政领域的临时紧急救助申请,双方友好协商变更汇款时间。

第三条 捐赠财产的用途

捐赠财产应当用于______[×]______________________。

提示3:如为非限定捐赠,此处可以填写"乙方业务范围内的公益活动的管理和执行,或乙方的行政管理成本"。如为限定性捐赠,此处填写项目名称、计划名称或其他捐赠领域。

第四条 乙方应当严格按照本协议约定使用捐赠财产,不得擅自改变捐赠财产的用途;若确因特殊情况需要改变捐赠财产用途,应当事先取得甲方的书面同意。

第五条 甲方应当保证捐赠财产为合法收入,且甲方有权处分该捐赠财产。

提示4:基金会应当要求捐赠人对捐赠财产享有完全的处分权。

第六条 甲方有权查询捐赠财产的使用管理情况,乙方应当按照甲方要求反馈受赠财产的使用管理情况。

第七条 乙方应当在收到捐赠财产后[×]个工作日内向甲方出具合法、有效的捐赠票据。

提示5:基金会接受捐赠票据,应当按照法律规定出具捐赠票据。

第八条 对任何由本协议引起的或与本协议有关的争议,本协议双方应通过友好协商解决。协商不成的,依法向甲方所在地人民法院提起诉讼。

第九条 甲乙双方可以通过书面协议方式对本协议进行修改和补充。本协议双方关于本协议的修改协议和/或补充协议是本协议不可分割的组成部分,具有与本协议同等的法律效力。

第十条 本协议一式二份,甲乙双方各执一份,均具有同等法律效力。本协议自甲乙双方签字盖章后生效。

(以下无正文,为本协议签字页)

甲方(盖章):
法定代表人或授权代表(签字):
日期: 年 月 日

乙方(盖章):
法定代表人或授权代表(签字):
日期: 年 月 日

编号:Ⅲ-3 《捐赠协议——捐物》

捐 赠 协 议

提示1:请根据实际情况,将需要捐赠人遵守的前述制度作为本协议的附件。

本捐赠协议(以下称本协议)于________年____月____日由以下双方在____________签订:

甲方:

统一社会信用代码:

联系地址:

联系电话:

乙方:

统一社会信用代码:

联系地址:

联系电话:

根据《中华人民共和国慈善法》、《中华人民共和国公益事业捐赠法》以及其他相关的法律法规的规定,甲乙双方在平等、自愿、协商一致的基础上,达成如下协议。

第一条 捐赠财产的信息

甲方将向乙方捐赠____________________(捐赠财产),并于本协议生效后____个工作日内(________年____月____日之前)将捐赠财产交付给乙方。

序号	品名	品牌及型号	单位	数量	单价	金额
入账价值	大写: （小写:¥ 元）					

第二条 捐赠财产明细:

> **提示2:**基金会应当列明捐赠财产的明细。

如果上述捐赠财产为甲方生产的产品,甲方应当向乙方提供产品质量认证证明或者产品合格证。

甲方应当向乙方提供发票、报关单等凭据,乙方以相关凭据作为确认入账价值和出具捐赠票据的依据;甲方不能提供凭据的,应当向乙方提供其他确认捐赠财产的证明,作为确认入账价值和乙方出具捐赠票据的依据。

甲方捐赠固定资产、股权、无形资产、文物文化资产,应当以具有合法资质的第三方机构的评估作为确认入账价值的依据。

第三条 捐赠财产的交付方式

接收单位:[×]

接收地址:[×]

接收人:[×]

联系电话:[×]

接收期限:[×]

运费及保险费由甲方支付

如因突发性自然灾害或其他民政领域的临时紧急救助申请,双方友好协商变更交付时间。

第四条 捐赠财产的用途

捐赠财产用于______[×]______。

第五条 乙方应当严格按照本协议约定使用捐赠财产,不得擅自改变捐赠财产的用途;若确因特殊情况需要改变捐赠财产用途,应当事先取得甲方的书面同意。

第六条 甲方应当保证捐赠财产为合法收入,且甲方有权处分该捐赠财产。

第七条 甲方有权查询捐赠财产的使用管理情况,乙方应当按照甲方要求反馈受赠财产的使用管理情况。

第八条 乙方应当在收到捐赠财产后三个工作日内向甲方出具合法、有效的捐赠票据,并对捐赠财产妥善保管。

第九条 对任何由本协议引起的或与本协议有关的争议,本协议双方应通过友好协商解决。协商不成的,依法向甲方所在地人民法院提起诉讼。

第十条 甲乙双方可以通过书面协议方式对本协议进行修改和补充。本协议双方关于本协议的修改协议和/或补充协议是本协议不可分割的组成部分,具有与本协议同等的法律效力。

第十一条 本协议一式二份,甲乙双方各执一份,均具有同等法律效力。本协议自甲乙双方签字盖章后生效。

(以下无正文,为本协议签字页)

甲方(盖章):	乙方(盖章):
法定代表人或授权代表(签字):	法定代表人或授权代表(签字):
日期:　　年　月　日	日期:　　年　月　日

编号:Ⅳ-1 《项目方案》

项 目 方 案

提示:项目方案表格中的服务区域,基金会可根据自身业务范围等实际情况进行调整。

申报项目名称			
项目性质		项目地域	
项目执行方		项目合作方	
项目网站			
服务领域	□扶老 □救孤 □恤病 □助残 □教育 □文化 □体育 □环保 □社区治理		
目标群体及直接受益人			
本项目平均成本	(申请金额)/(直接受益人数)=		
项目负责人		负责人联系方式	
项目介绍			
[请列明项目的定位、目标、主要内容。]			
社会需求性调查			
[请根据项目针对的群体特征描述和需求分析,受益群体具体化、指标化。]			
同类项目现状调查			

续表

项目的工作团队介绍

[请列出主要人员及其在项目中的工作量占比,他们的相关工作经验。]

姓名　　职务　　专业资质　　联系方式　　项目分工

项目周期

[请根据实际情况,设计项目周期。对于长期的项目,建议明确试水期间。]

项目的短期和长期目标描述

[请列出本年度的项目目标,并列出项目三年发展规划(如有)。]

项目开展的策略

[请简析用了哪些专业理论和方法围绕项目目标去开展服务,同时描述希望达到的成效。]

项目具体实施计划

[请分析项目将通过什么方式/活动实现目标?展开哪些活动?并请注明时间进度,并将活动次数、参与方、参与人数等信息指标化。]

时间	活动目标	活动内容	活动次数	备注(需要的资源及其他)

项目的预期产出和成果、可测量评估指标

[请区分项目的直接产出和成果,成果请体现前面的项目目标,可测量的评估指标请了解同类项目,或者根据项目的前期调研结果来设计。]

续表

<table>
<tr><td colspan="4">项目可持续性分析</td></tr>
<tr><td colspan="4"></td></tr>
<tr><td colspan="4">项目创新性分析</td></tr>
<tr><td colspan="4"></td></tr>
<tr><td colspan="4">项目风险性分析及应对预案</td></tr>
<tr><td colspan="4"></td></tr>
<tr><td colspan="4">项目的合作伙伴或其他资金来源</td></tr>
<tr><td colspan="4"></td></tr>
<tr><td colspan="4">希望得到哪些方面的外部支持(包括申请的资金及其他帮助)</td></tr>
<tr><td colspan="4"></td></tr>
<tr><td>诚信声明:
申请机构已经阅读上述各项内容,并愿意对本申请书所填写的所有内容的真实性和有效性承担全部责任</td><td colspan="3"></td></tr>
<tr><td>填写人</td><td></td><td>填表时间</td><td></td></tr>
<tr><td>项目部门负责人(签字)</td><td></td><td>财务部门负责人(签字)</td><td></td></tr>
<tr><td>秘书长(签字)</td><td colspan="3"></td></tr>
</table>

注:项目预算见填写附件的表格。

附件：

＿＿＿＿＿项目预算表

项目名称			项目编号	［注：由本单位自行填写］			
机构名称			申请总金额				
序号	费用项	单价	数量	小计	占总支出比	配套资金	备注（注明资金用途和数量说明）
A	项目宣传			¥ –			
A1							
A2							
A3							
A4							
A5							
B	活动内容 1			¥ –			
B1							
B2							
B3							
B4							
B5							
C	活动内容 1			¥ –			
C1							
C2							
C3							
C4							
C5							

注：A、B、C 按照项目活动来填写。

续表

序号	费用项	单价	数量	小计	占总支出比	配套资金	备注（注明资金用途和数量说明）
D	行政管理费用			¥ -			
D1							
D2							
D3							
D4							
D5							
	税费						
合计:							

注:费用项中的文字,仅供参考,请根据项目实际活动来填写;须与项目计划书中的活动实施项相对应。

注:1. 预算的编制请不要根据上限来倒算,请根据项目实际需要和进度来设计预算。
2. 志愿者补贴应该是对志愿者交通、用餐等费用的适当补贴,不是劳务报酬,机构工作人员不能同时担任志愿者。
3. 涉及人员津贴必须清晰列出,需要在项目计划中注明人员的工作量,专家和社工等专业人员请在备注栏注明其专业资质;需提供人员签到表。
4. 涉及场地费用必须清晰列出,注明使用天数及价格。
5. 若行、列不够,可以根据实际情况自行增加。
6. 如机构有配套资金,请列入表格。

编号:Ⅳ-2 《立项申请书》

立项申请书

项目名称:______________________________

申请组织:______________________________

项目负责人:______________________________

申请时间:______________________________

一、机构简介

机构名称			
登记时间		登记地区	
网站		微博/微信	
通信地址			
机构类别	□民办非企业单位 □社会团体 □基金会 □其他____________		
机构账户信息			
机构宗旨和使命 (有关贵机构成立和发展的根本动力)			
机构发起人和机构负责人简介 (请说明姓名、年龄、职务、主要工作经历、是否全职)			

续表

理事、监事成员简介 (请说明每一位的姓名、年龄、工作单位和职务)
已开展主要项目/服务 (包括时间、地点、受益对象、工作方式)
附件信息: 须以附件形式提供的材料,不能提供的将不予通过资格审查。 1. 正式登记注册文件的扫描件; 2. 上一年度审计报告或机构财务报表; 3. 贵机构章程的电子文档(必须有)。

二、项目概览

申报项目名称	
目标群体及直接受益人	
申请资助金额与资金来源	
本项目平均成本	(申请金额)/(直接受益人数)=
项目周期	
项目负责人及联系方式	
关注领域[如有重叠,可多选,最多不超过2个领域。]	
□扶老 □救孤 □恤病 □助残 □教育 □文化 □体育 □环保 □社区治理 [提示:基金会应当根据自身业务范围和资助领域进行调整。]	

续表

受益群体
[请根据项目针对的群体特征描述和需求分析,受益群体具体化、指标化。]
项目周期
[请根据实际情况列明项目周期。对于长期的项目,建议明确试水期间。]
项目介绍
[请列明项目的定位、目标、主要内容。]
项目的短期和长期目标描述
[请列出本年度的项目目标,还需列出项目三年发展规划。]
项目开展的策略
[请简析用了哪些专业理论和方法围绕项目目标去开展服务,同时描述希望达到的成效。]
项目计划实施的阶段、时间表和具体内容
[请分析项目将通过什么方式/活动实现目标?展开哪些活动?并请注明时间进度,并将活动次数、参与方、参与人数等信息指标化。]

时间	活动目标	活动内容	活动次数	备注(需要的资源及其他)

项目的工作团队介绍
[请列出主要人员及其在项目中的工作量占比,他们的相关工作经验。]

续表

<table>
<tr><td colspan="2">项目的预期产出和成果、可测量评估指标</td></tr>
<tr><td colspan="2">[请区分项目的直接产出和成果,成果请体现前面的项目目标,可测量的评估指标请了解同类项目,或者根据项目的前期调研结果来设计。]</td></tr>
<tr><td colspan="2">项目的合作伙伴或其他资金来源</td></tr>
<tr><td colspan="2"></td></tr>
<tr><td colspan="2">诚信声明:
申请机构已经阅读上述各项内容,并愿意对本申请书所填写的所有内容的真实性和有效性承担全部责任。</td></tr>
<tr><td>填写人</td><td></td></tr>
<tr><td>填表时间</td><td></td></tr>
<tr><td>项目部门负责人(签字)</td><td></td></tr>
<tr><td>财务部门负责人(签字)</td><td></td></tr>
<tr><td>秘书长(签字)</td><td></td></tr>
</table>

注:项目预算见填写附件的表格。

附件:预算表

________项目预算表

<table>
<tr><td colspan="2">项目名称</td><td colspan="2"></td><td>项目编号</td><td colspan="3">[注:由本单位自行填写]</td></tr>
<tr><td colspan="2">机构名称</td><td colspan="2"></td><td>申请总金额</td><td colspan="3"></td></tr>
<tr><td>序号</td><td>费用项</td><td>单价</td><td>数量</td><td>小计</td><td>占总支出比</td><td>配套资金</td><td>备注
(注明资金用途和数量说明)</td></tr>
<tr><td>A</td><td>项目宣传</td><td></td><td></td><td>¥ -</td><td></td><td></td><td></td></tr>
<tr><td>A1</td><td></td><td></td><td></td><td></td><td></td><td></td><td></td></tr>
</table>

续表

序号	费用项	单价	数量	小计	占总支出比	配套资金	备注（注明资金用途和数量说明）
A2							
A3							
A4							
A5							
B	活动内容 1			¥ –			
B1							
B2							
B3							
B4							
B5							
C	活动内容 1			¥ –			
C1							
C2							
C3							
C4							
C5							
D	行政管理费用			¥ –			
D1							
D2							
D3							

注：A、B、C 按照项目活动来填写。

续表

序号	费用项	单价	数量	小计	占总支出比	配套资金	备注（注明资金用途和数量说明）
D4							
D5							
	税费						
合计:							

注:费用项中的文字,仅供参考,请根据项目实际活动来填写;须与项目计划书中的活动实施项相对应。

注:1. 预算的编制请不要根据上限来倒算,请根据项目实际需要和进度来设计预算。

2. 志愿者补贴应该是对志愿者交通、用餐等费用的适当补贴,不是劳务报酬,机构工作人员不能同时担任志愿者。
3. 涉及人员津贴必须清晰列出,需要在项目计划中注明人员的工作量,专家和社工等专业人员请在备注栏注明其专业资质;需提供人员签到表。
4. 涉及场地费用必须清晰列出,注明使用天数及价格。
5. 若行、列不够,可以根据实际情况自行增加。
6. 如机构有配套资金,请列入表格。

编号:Ⅳ-3 《尽职调查文件》(范本)

调 查 问 卷[1]

提示:本调查问卷的目的主要是资助方了解执行机构的情况,包括机构的基本情况、内部治理、项目能力等方面。基金会在使用时可以增减问题,但核心应与尽职调查方案中的范围与重点相符。

本问卷旨在让本基金会了解项目执行机构的基本情况和财务,以及项目和财务管理的经验。请务必具实填写本问卷。

本基金会将对您提供的信息和附件严格保密,除为了项目执行和相关法律法规要求外,本基金会不会自行使用且不会向任何第三方泄露或提供。

一、基本情况

单位名称	
统一社会信用代码	
机构性质	□社会团体 □社会服务机构(民办非企业单位) □基金会 □营利性组织/商业企业 □其他:__________
行业类型	□工商服务 □农业及农村发展 □科学研究 □教育 □卫生 □文化 □体育 □生态环境 □社会服务 □法律 □宗教

〔1〕 本《调查问卷》的内容参考了上海宋庆龄基金会的《项目执行机构项目和财务管理问卷》。

续表

	□职业及从业者组织 □国际及涉外组织 □其他			
登记注册信息	登记日期			
	登记机关			
	注册地址			
	注册资金			
联系方式	电话		传真	
	电子邮箱		官方微信	
	官方网址			
	办公地址			
项目负责人员	法定代表人		邮箱	
	项目负责人		邮箱	
	财务负责人		邮箱	
机构账户信息	开户银行			
	银行地址			
	账户名称			
	银行账号			

二、内部治理信息

1. 从业人员总数____人。其中,专职人员(含全日制或签订劳动合同)____人。

2. 内部治理结构:理事会(董事会、管委会)____人,其中理事长____人、副理事长____人、理事成员____人;监事会(监事)____人。

3. 贵单位的重要关联方

重要关联方	与贵单位的关系

【注:与贵单位的关系主要包括发起人、主要捐赠人、理事主要来源单位、投资的被投资方、其他与贵单位存在控制、共同控制或者重大影响关系的个人或组织。】

三、财务治理信息

1. 上年度净资产合计:________元;其中限定性净资产________元,非限定性净资产________元。

2. 上年度收入合计:________元;其中:

①捐赠收入:________元;

②服务收入:________元;

③商品销售收入:________元;

④政府补助(资助)收入:________元;

⑤投资收益:________元;

⑥会费收入:________元;

⑦其他收入:________元。

3. 本年度费用合计:________元,其中:

①业务活动成本:________元,其中公益事业支出________元;

②管理费用:________元(其中工资福利__________,办公开支________,其他__________);

③筹资费用:________元;

④其他费用:________元。

4. 贵单位有具体的财务制度和成文的财务流程吗?□是　□否

如果是,请问最近一次的更新是什么时候?____________

5. 财务系统能够区别来自不同捐赠方资金的接收和支出吗?□是　□否

6. 贵单位记账情况如何?□专职财务人员记账　□兼职财务人员记账　□委托第三方记账　□其他

7. 贵单位是否经独立的会计师事务所审计过?　□是　□否

如果是的话,请附上最近的一次审计报告还有财务报表。

8. 使用票据种类:□行政事业性收费票据;□捐赠票据　□税务发票　□其他____________。

9. 是否获得非营利组织免税资格?□是　□否

如果是的话,非营利组织免税资格有效时间____________。

10. 是否获得公益性捐赠税前扣除资格?□是　□否

如果是的话,资格有效时间____________;批准文号____________。

四、公益项目开展情况

1. 最近开展五个重要项目情况

项目名称	起止时间	服务领域	服务地区	项目介绍	项目总额(元)	评估结果

【注:服务领域一般包括教育\医疗卫生\文化艺术\体育\科学研究\社会服务\生态环境\法律与公民权利\政策倡导\灾害救助\扶贫及社区发展\志愿服务\公益事业发展\其他;服务地区指项目开展所覆盖的地区。】

2. 贵单位的评优获奖信息

授予日期	荣誉名称

【注:包括获得社会组织评估等级。】

3. 贵单位的行政处罚信息

贵单位是否受到过行政处罚?□是　□否　如选“是”,填写下表。

序号	行政处罚的种类	行政处罚的实施机关	行政处罚时间	违法行为
1				
2				
3				

4. 提供贵单位最近一年内接受的重大捐款(占收入的10%以上)的信息,包括捐赠组织名称、捐赠金额、捐赠时间、负责该捐款项目的项目负责人和财务负责人

序号	捐款时间	捐款金额	项目名称	捐赠组织	项目负责人	财务负责人
1						
2						
3						

五、其他

其他需要补充说明的信息:

____

____

六、提交的文件清单

☐单位最新的章程;

☐机构登记证/营业执照的复印件;

☐最近的外部审计报告(如有);

☐最近的财务报表(包括经税务监察部门确认的上个年/季度的平衡表和收入表);

☐银行信息证明(如开户证明等);

☐机构负责人、财务负责人和项目负责人的简历。

诚信声明:

本单位对以上调查问卷所填写的内容和所提交的附件的真实性和有效性承担全部责任。

[执行单位](盖章)

编号：Ⅳ－4 《项目资助协议》

项目资助协议（范本）

提示1：本项目资助协议（范本）用于资助方与受助方签署，对资助用途、资助金额、拨付安排、项目评估等进行了约定，同时也明确了双方的权利义务、违约责任与协议终止的情形等。在使用本范本时，应注意与资助项目的实际情况相符。

本【××项目】资助协议（以下称本协议）于________年____月____日由以下双方在__________签订。

甲方：（资助方）

统一社会信用代码：

联系地址：

联系电话：

乙方：（受助方）

统一社会信用代码：

联系地址：

联系电话：

甲方资助乙方进行【××项目】活动，为保证项目的服务质量，明确双方的权利义务关系，甲乙双方在平等、自愿、协商一致的基础上，就有关事宜达成如下协议。

第一条 资助项目简介

1. 【××项目】（以下简称本项目）计划 【（填写项目简介）】 。项目总预算为人民币________元（大写：____________），其中甲方资助乙方人民币________元（大写：____________），专门资助乙方用于开展本项目。

2. 协议期限：自________年____月____日起至________年____月____日止。

第二条　项目内容

1. 项目计划详见双方达成一致意见的《××项目方案》/《××项目方案申请书》（附件1）。乙方应当严格按照本协议及附件的约定用途使用资金，确需改变资金用途的，应与甲方协商，并得到甲方的书面同意后，方可改变资金用途。

2. 本项目的具体工作指标如下：

①____

②____

③____

第三条　项目资助款划拨方式

1. ①甲方于________年____月____日前（包括）一次性向乙方拨付全部项目资助款项，资金汇入乙方银行账户内。

②甲方在本协议签订并收到乙方等额捐赠票据后十个工作日内向乙方拨付资助款项的____%，即人民币________元（大写：____________）；在收到乙方提交的中期报告并经甲方审验合格后，甲方在收到乙方等额捐赠票据后十个工作日内向乙方拨付资助款项的____%，即人民币________元（大写：____________）；在收到乙方提交的评估报告和结项报告并经甲方审验合格后，甲方在收到乙方等额捐赠票据后十个工作日内向乙方拨付资助款项的____%，即人民币________元（大写：____________）。

甲方在收到乙方提交的中期报告、评估报告和结项报告，应在十个工作日结束审验，逾期未审验结束的，视为审验合格。

③甲方按照以下约定时间向乙方拨付资助款项：

拨款时间	拨款金额

提示2：上述三种划拨方式，可择其一，也可根据实际情况自拟项目资助款划拨方式。

2. 乙方银行账户信息如下:

开户名	
开户行	
账户	

第四条 项目绩效评估

项目完成后,乙方须在项目完成后十个工作日内(________年____月____日之前)按照项目预设的目标和指标完成情况进行全面自我评估,将评估报告和结项报告呈交甲方。

提示3:甲方有权在此处规定由第三方机构进行专业评估,评估费用从资助款项中支出。

第五条 甲方的权利和义务

1. 项目协议期内,甲方有权每____个月查询资助款项的管理、使用情况,并提出意见和建议。

提示4:本处也可约定为"甲方有权随时查询资助款项的管理、使用情况,并提出意见和建议",需要根据资助项目的周期与性质等实际情况考虑。

2. 项目完成后,甲方有权对项目进行评估或委托第三方进行专业评估,以确定是否达到本协议及附件约定的项目目标。经甲方评估认为未达标的,甲方有权要求乙方自费进行改进,如乙方在甲方提出的合理期限内不改进或改进后仍未达标的,甲方有权解除资助协议,并要求乙方退还全部资助款。

提示5:本处为基金会对资助项目评估,既可以采取自行评估也可采取委托评估的方式。

3. 甲方有权对乙方的项目进行实地考察,包括参与该项目中的活动,乙方应当配合甲方的实地考察。

4. 因乙方未能按本协议规定履行的,或项目实施中出现严重问题,或乙方发生任何违法违规行为,在甲方责令乙方予以纠正该等行为三十天后该等行为并未得到纠正的,甲方即有权随时解除本协议并撤销资助,乙方应当在收到甲方项目终止并撤销资助的通知后十五个工作日内,返还全部资助资金。

5. 本款所述严重问题包括但不限于：

（1）不按指定用途使用资助资金；

（2）在甲方提出查阅资助资金使用情况及原始凭证后，七个工作日内乙方仍没有提供相关材料，或甲方发现乙方提供的项目资金使用情况严重失实或原始凭证存在伪造、变造等虚假现象；

（3）因乙方原因导致资助资金严重损失；

（4）在资助资金划拨后，若乙方无故在两个月内未能实施项目并且没有合理的书面说明；

（5）未按照本协议及附件的约定实现项目目标的。

提示6：还可增加以下情形：

（1）项目的中期报告、结项报告或项目评估未通过，项目执行方在合理期限内不改进或改进后仍未达标的，基金会有权解除协议并撤销资助，并要求项目执行方返还全部资助资金；

（2）项目执行方违反国家法律法规受到政府部门行政处罚的。

第六条 乙方的权利和义务

1. 乙方有权要求甲方按本协议的规定按时足额拨付项目经费。

2. 乙方应当按照本协议第二条规定的用途妥善管理和使用资助款项。对于甲方查询资助资金的使用、管理情况，乙方应予以积极配合。

3. 乙方在履行协议过程中，未经甲方书面同意，不得将服务项目委托给第三方机构，应按本协议如实报告项目进展情况，按时、按标准完成项目任务。

4. 乙方应当根据国家相关财务和会计法规以及项目财务管理的有关要求，向甲方出具合法、有效的财务接收凭证，并对资助款项登记造册。如甲方有要求，乙方应向甲方提供资助资金使用的账目、原始凭证和财务报表复印件，并加盖公章。

5. 乙方应当依据国家相关法律法规和制度、行业管理规范以及甲方提出的有关资助的项目管理的具体规定和要求，做好项目的协调、实施和管理工作，确保项目目标顺利实现。

6. 乙方负责按计划、保质、保量完成项目工作任务，并按照本协议约定的时间及方式向甲方提供项目报告。

> **提示7:**双方的权利义务可以根据实际情况进行调整。

第七条 项目宣传

1. 乙方应当在本项目中的活动文字材料、甲方资助的租赁设备、甲方资助的出版物、项目宣传的网站等显著位置注有“【甲方资助】”等字样。

2. 除本条上款所述情况外,乙方不得擅自使用甲方的名称、商标等甲方的标识。

> **提示8:**对于项目宣传,基金会应当注意明确是否许可项目执行方使用商标、图形等。

第八条 违约责任

1. 任何一方(违约方)违反本协议(包括但不限于其主文、附件及执行等)规定的责任及义务的,在接到另一方(守约方)要求纠正违约行为的书面通知书后十天内未予以纠正的,守约方有权立即以书面形式通知违约方终止本协议。守约方可要求违约方承担违约责任,赔偿守约方的一切损失,或可根据实际后果,要求违约方以其他方式承担违约责任。

2. 任何一方违约后,守约方当事人应采取适当措施,防止损失的扩大,否则不能就扩大部分的损失要求赔偿。

3. 本协议生效后,如任何一方违约,守约方有权要求违约方按照本协议继续履行本协议;但是一方严重违约导致本协议根本无法履行或者继续履行已无实际意义的,守约方有权解除本协议。

4. 发现乙方擅自使用甲方的名称、商标等甲方的标识的,乙方应当向甲方支付违约金人民币五十万元。

> **提示9:**违反商标使用时的违约金可以由双方协商,由于违反商标的损失难以界定,因此可规定一定的违约金,法院在判决时可对违约金进行调整。

第九条 协议终止

发生任何一项以下情况的,协议即终止:

(1)协议期满,双方未续签的;

(2)乙方实施项目能力丧失,致使项目无法正常进行的;

(3)协议期内,乙方发生本协议第五条第三款情况的,甲方有权终止协议;

(4)发生本协议第十条所述不可抗力情况的,双方经协商一致,可书面确认终止本协议。

第十条　争议解决与不可抗力

1. 由本协议引发的任何争议,双方应本着相互信任、彼此尊重、务实工作的态度共同协商解决。任何一方书面通知另一方要求协商解决后六十日内协商解决不成的,可向一方所在地的人民法院提请诉讼。

2. 本协议因不可抗力(如水灾、旱灾、暴风雪、地震、战争、政府禁令、黑客攻击、网络断连等)延期履行时,遇有不可抗力事件的一方的义务将中止直至不可抗力事件结束。甲乙双方根据不可抗力事件对履行协议的影响程度,协商确定协议延期履行、部分履行或者解除协议。

3. 本协议因不可抗力(如水灾、旱灾、暴风雪、地震、战争、政府禁令、黑客攻击、网络断连等)被迫终止时,事件承受方不承担违约责任。善后工作将本着低费用、及时和有序的原则进行。如因不可抗力事件导致协议终止,甲方应立即停止支付期限尚未届满的捐助资金,并根据不可抗力事件的影响程度,双方协商是否要求乙方返还已拨付但尚未投入使用的捐款。

第十一条　其他

1. 本协议自甲乙双方在本协议上签字并盖章之日起生效。双方签字盖章日期不一致的,以最后签字盖章的日期为准。本协议在双方各自完全履行完毕其有关义务后或双方书面约定终止时终止,除非本协议另有规定。

2. 本协议生效后,任何一方不得随意更改。如必须更改时,须经双方协商另行订立补充协议,作为本协议书的附件执行。

3. 本协议如有未尽事宜,须经双方共同协商订立书面补充协议,补充协议与协议附件,与本协议具有同等法律效力。

4. 本协议书一式二份,双方各执一份,各份协议书具有同等法律效力。

附件:

1.《××项目方案》/《××项目方案申请书》

2. ……

签署页

甲方(盖章):

法定代表人或授权代表(签字):

日期: 年 月 日

乙方(盖章):

法定代表人或授权代表(签字):

日期: 年 月 日

编号:Ⅴ-1 《项目中期报告》

项目中期报告

机构名称	
项目名称	
资助金额	
项目协议周期	
报告实际进度截至	
撰稿人联系方式	

一、请详细说明项目现阶段的执行情况,内容包括项目申请书/项目方案中目标执行情况,对服务人群的影响;请包含活动中的基本数据。

二、是否实现了项目计划目标?如果未实现计划目标,请说明理由并解释曾采取或将采取何种措施来实现计划目标。

三、请详细说明在执行本项目过程中遇到的问题或得到的收获。

四、是否有志愿者参与了本项目?如有,请详细说明参与志愿者人数及他们在本项目中所扮演的角色。

五、请详细说明本项目的下一步计划和需求。

六、在项目执行阶段,贵单位是否发生了重大组织变更(决策机构人员变化、项目负责人等变化)或者其他影响项目执行的情况?如有,请简要说明。

七、如果已就本次资助向公众发出任何公告,请纳入该等新闻剪报、新闻稿等记录(包括自媒体发布)。请提供相关材料和志愿者参与项目的资料和图片(可以附件形式提交)。

诚信声明:

本单位对中期报告中所填写和提交的所有内容的真实性和有效性承担全部责任。本单位在执行本项目过程中遵守法律法规及资助协议的约定,合法合规地执行本项目。

[执行单位](盖章)

编号：Ⅴ－2 《项目重大事项报告表》

项目重大事项报告表(样表)

<table>
<tr><td>社会组织名称</td><td colspan="3"></td></tr>
<tr><td>项目名称</td><td colspan="3"></td></tr>
<tr><td>资助金额</td><td colspan="3"></td></tr>
<tr><td>项目负责人(联系人)</td><td></td><td>手机</td><td></td></tr>
<tr><td>重大事项名称</td><td colspan="3"></td></tr>
<tr><td colspan="4">重大事项(活动)内容</td></tr>
<tr><td colspan="4">附件：

法定代表人/负责人(签字)：
(单位公章)
年　月　日</td></tr>
</table>

编号:Ⅴ-3 《项目实地考察情况表》

项目实地考察情况表

项目名称		项目负责人	
考察地点		考察时间	
考察团人员			
项目考察内容:			
发现的问题:			
建议和意见:			
考察负责人签字: 日期:			

编号：Ⅵ 《委托评估协议书》

委托评估协议书

甲方(委托方)：
法定代表人：
联系电话：

乙方(受托方)：
法定代表人：
联系电话：

按照《中华人民共和国民法典》及其他相关法律法规的规定，经甲乙双方友好协商，就甲方委托乙方承担[*请输入项目名称*]的评估工作，达成以下协议条款。

一、委托服务内容

(1)项目名称：[*请输入项目名称*](以下简称评估项目)。

(2)项目内容：[*请输入项目名称*]。

> **提示1：**可以将项目方案作为合同附件。

(3)乙方为甲方提供[×]年[*请输入项目名称*]第三方[*请输入评估方式*]评估工作，具体内容详见附件评估方案。

> **提示2：**受托方应当制订评估方案，并得到委托方的认可。

二、委托服务期限

经甲、乙双方协商，服务期限为[×]年[×]月[×]日起至[×]年[×]月[×]日，乙方自项目签订协议之日起开始实施。

三、评估服务要求

1. 乙方应严格遵循评估工作流程，不得随意更改或简化评估工作；乙方更改具体评估工作内容的，应当取得甲方的书面同意。

2. 乙方应认真履行职责，自觉遵守评估工作纪律，实事求是、客观公正地进行评估，未经允许不得对外公布评估情况。

3. 乙方应与甲方经常保持联系与沟通，及时汇报工作进展情况，评估工作中遇有困难和问题，应及时沟通汇报，协商解决，确保评估工作能按时按要求完成。

四、通信方式

1. 甲方联系人：*[联系人姓名]*；联系方式：[×]；电子邮件：[×]。

2. 乙方联系人：*[联系人姓名]*；联系方式：[×]；电子邮件：[×]。

五、双方权利义务

（一）甲方的权利和义务

1. 协议规定期限内，甲方有权对评估项目的执行进行监督、指导和评估。

2. 甲方应当为乙方提供本项目执行必要的支持和协调，配合乙方做好各利益相关方的协调工作，确保项目正常开展。

3. 甲方应当按照本协议约定向乙方支付评估服务费用。

4. 甲方发现乙方存在违约行为的，有权要求其限期整改。

5. 本协议期满或提前解除、终止后，甲方依法收回交由乙方使用的设备、档案资料、信息数据等。

（二）乙方的权利和义务

1. 乙方应在本协议委托的权限和范围以及约定时间内完成委托事项。

2. 乙方应以本协议及附件中的评估方案为执行服务依据，围绕本协议中规定的主要目标开展工作，并遵守其中相关配套制度的规定。

3. 乙方应及时向甲方汇报工作进度和情况，并对相应工作进行改进完善，确保工作符合要求。

4. 乙方有维护委托方声誉的义务，乙方不得以甲方名义从事与委托事项无关的工作。

5. 乙方应独立完成委托事项，未经甲方书面同意，乙方不得向他人转让部分或全部委托事项。

6. 乙方应提供专业、权威、优质的人员配置及评估服务。

7. 乙方开展本项目的各项工作必须公平、公正，不得利用开展评估工作的机会谋取不当利益。

8. 乙方不得与被评估方私下串通，出具不合理的报告等文书资料。

9. 乙方应按照甲方的要求，履行保密义务，乙方应妥善保管甲方提供的项目资料，对资料负有保密义务。对获得的项目资料只能用于本项目评估工作，不得用于评估之外的用途，不得泄露资料信息。

10. 委托协议期满或提前解除、终止后，应将使用甲方的设备、档案资料、信息数据等按照经甲方确认的财产清单交还甲方。

六、委托服务费用

（一）本委托事项的费用共计人民币[请输入委托费用]元整。

（二）经费用途

用于支付具体评估工作以及撰写总结分析报告等各项工作中产生的费用，包括但不限于人力成本、专家劳务费、会务费用、交通差旅补助、打印材料制作费、行政管理费、税费及后续工作产生的费用等，除此之外，受托方不得以任何理由要求增加费用。

（三）支付方式

甲方分两期向乙方支付评估费用，第一期支付款项为评估费用的[×]%，第二期支付款项为评估费用的[×]%。

1. 甲方在协议签订之日并收到乙方出具的等额发票起十个工作日内向乙方支付首笔项目款：[×]元（人民币[×]元整）；

2. 乙方向甲方提交评估报告，经甲方对评估报告验评合格后，甲方于收到乙方出具的等额发票后十个工作日内向乙方支付第二笔项目款：[×]元（人民币[×]元整），甲方应当在收到乙方提交总结材料的十个工作日内进行验评；逾期未组织验评的视为验评合格。

乙方接受该笔资金的账户信息：

开户名	
开户行	
账户	

七、保密条款及知识产权

1. 甲乙双方应对本协议的内容以及履行本协议或在本协议存续期间获得或收到的对方的资料文件、专业知识、资助项目信息、财务状况等内容或其他标明保密的文件或信息内容（以下简称保密信息）保守秘密，未经保密信息所有者事先书面授权，不得自行使用或向本协议双方之外第三方泄露。

2. 甲乙双方可仅为履行本协议之目的而复制、使用，以及向其确有知悉必要的雇员披露对方提供的保密信息，但同时须指示其雇员履行本条款规定的保密义务。

3. 本保密条款在协议有效期内，以及期满、解除或终止后仍然有效。

4. 乙方因履行本协议约定的义务而接触到甲方的资料、报告、项目设计均为甲方的知识产权，乙方应当尊重甲方的知识产权，不得擅自使用或泄露给第三方使用。

5. 乙方违反本节保密或/和知识产权条款，应当向甲方支付五十万元人民币作为违约金；违约金不能满足完全赔偿甲方损失的，乙方应当继续承担违约责任。

提示3：违反保密或知识产权规定时的违约金可以由双方协商，由于违反保密或知识产权的损失难以界定，因此可规定一定违约金，法院在判决时可对违约金进行调整。

八、协议提前终止或解除

1. 甲乙方双方协商一致，可以提前解除本协议。

2. 有下列情形之一的，本协议自甲方向乙方发出书面通知之日起终止：

(1) 甲方的职能发生转变，不再具有与委托内容相关的行政职能；

(2) 原来适用于委托服务的法律法规或政策发生变化；

(3) 甲方发现乙方出现丧失或部分丧失履行委托服务能力的情况后通知乙

方限期整改，但期限届满后没有改善的；

(4)乙方在合同期限届满之前明确表示不再履行合同的；

(5)存在其他事项导致不能实现合同目的经双方协商不再履行本协议的。

九、违约责任

1. 任何一方在履行本协议过程中，由于不全面或不及时履行协议而给另一方造成损失的，应承担继续履行、采取补救措施或者赔偿损失的违约责任。

2. 发生本协议“八、协议提前终止或解除”第2条第(1)(2)(5)项的情形，导致协议无法履行的，甲方不承担违约责任，乙方应当扣除已使用部分的款项后退还剩余款项；发生本协议“八、协议提前终止或解除”第2条第(3)(4)项的情形，乙方应扣除已使用的款项后退还剩余款项，并支付总经费10%的违约金，给委托方造成损失的，还应赔偿甲方的全部损失。

3. 乙方未能按照本协议的约定提交工作成果的，每延迟一天，应向甲方支付总经费千分之一的违约金，延迟十天的，甲方有权单方面解除本协议，乙方应退还甲方已支付的款项，并支付总经费10%的违约金，给甲方造成损失的，乙方还应赔偿甲方的全部损失。

4. 乙方提交的工作成果不符合本协议约定或未能通过验收，限期内拒绝整改或整改后仍不符合要求的，甲方有权单方解除本协议，乙方应退还甲方已支付的款项，并支付总经费10%的违约金，给甲方造成损失的，乙方还应赔偿甲方的全部损失。

5. 乙方违反本协议义务时，如以甲方名义从事与委托事项无关的工作，擅自部分或全部转让委托事项，不交还甲方的设备、档案资料、信息数据等，乙方应承担相应的违约责任，支付总经费10%的违约金，给甲方造成的损失，甲方有权向乙方予以追认。

6. 甲方未按本协议规定支付评估费用的，乙方有权书面通知甲方解除本协议，并要求甲方支付总经费10%的违约金，给乙方造成损失的，还应赔偿乙方的全部损失。

7. 在评估过程中，若因为甲方没有给予及时的支持和协调而导致乙方未按本协议约定提交成果的，乙方不因此承担任何违约责任。

8. 除承担本协议“七、保密条款及知识产权”的违约责任外，乙方因本协议承担的其他违约责任,以违约事件发生之时,乙方已付出劳动成果所对应的服务费用为限。

十、争议解决方式

本协议在执行过程中发生争议,由当事人双方协商解决。协商不成的,则任何一方有权向甲方所在地人民法院提起诉讼。

十一、其他约定

1. 本协议未尽事宜,由双方协商解决,可以签订补充协议,补充协议与本协议书具有同等法律效力;

2. 本协议自甲乙双方法定代表人或授权代表签字并加盖公章之日起生效;

3. 本协议一式四份,甲乙双方各执两份,具有同等法律效力。

附件:[项目实施方案]

[项目评估方案]

(以下无正文)

甲方(委托方):	乙方(受托方):
地址:	地址:
法定代表人/授权人:	法定代表人/授权人:
年 月 日	年 月 日

编号：Ⅶ－1 《项目终止协议》

【××项目】终止协议

本【××项目】终止协议（以下称本协议）于________年____月____日由以下双方在__________签订：

甲方：

统一社会信用代码：

联系地址：

联系电话：

乙方：

统一社会信用代码：

联系地址：

联系电话：

鉴于：

1. 甲乙双方于________年____月____日签署了《【××项目】资助协议》（以下简称原协议），约定由甲方按照资助协议规定，资助乙方完成【××项目】。资助金额为________（人民币大写：____________万元整），协议有效期为________年____月____日至________年____月____日。

2. 现[×]，甲乙双方同意于________年____月____日提前终止原协议。

> **提示1：**可根据实际情况填入"因不可抗力造成项目无法实施""甲乙双方协商"，或其他原因。

现甲乙双方经协商一致，根据《中华人民共和国民法典》等相关法律法规的规定，甲、乙双方本着平等、自愿、互谅互让的原则，就双方提前终止协议相关事宜达成如下条款,双方共同遵守。

第一条 甲、乙双方同意提前终止双方于________年____月____日签订的原协议。

第二条 协议提前终止后,原协议约定的知识产权条款、保密条款继续有效,双方仍需严格遵照执行。

第三条 价款结算及支付方式

1. 双方确认,截至本协议签订时,甲方共计向乙方支付资助款项人民币[×]元(大写:[×]元整)。

2. 双方确认,对于尚未支付的资助款项甲方不再向乙方支付;乙方对于已支付尚未支出的费用为人民币[×](大写:____________万元整),应当在本协议生效后5个工作日内返还给甲方。

提示2:项目终止后项目款项的处理,甲乙双方可另行约定。

3. 甲方银行账户信息如下:

开户名	
开户行	
账户	

第四条 违约责任

1. 甲乙双方应共同遵守本协议,任何一方违反本协议的约定,都应依法承担相应赔偿责任。

2. 乙方违反本协议约定,侵犯了甲方知识产权等有关信息,给甲方造成损害的,应承担因此给甲方造成的全部经济损失;乙方利用甲方上述信息牟取的全部收益无偿归甲方所有。

3. 自本协议签订之日起,乙方不得就协议存续期间及提前终止本协议所产生的任何事宜(包括但不限于价款、滞纳金、违约金、赔偿金等其他债权债务等)提起仲裁、诉讼、申诉、信访;否则,视为乙方根本性违约,乙方应双倍退还甲方已支付的费用。

第五条　争议解决

因本协议所引起的或与本协议有关的争议，双方应友好协商解决；协商不成应向甲方所在地人民法院提起诉讼。违约方应承担守约方因处理本协议项下纠纷所产生的仲裁费、律师费、差旅费等一切损失。

第六条　其他约定

1. 未尽事项，双方另行协商解决并签订补充协议，有关的补充协议与本协议不可分割，具有同等法律效力。

2. 本协议自双方签字、盖章之日起生效，本协议一式二份，双方各执一份为证，具有同等法律效力。

甲方（盖章）：	乙方（盖章）：
法定代表人或授权代表（签字）：	法定代表人或授权代表（签字）：
日期：　　年　月　日	日期：　　年　月　日

编号:Ⅶ-2 《结项报告》

结 项 报 告

机构名称	
项目名称	
资助金额	
项目协议周期	
报告实际进度截至	
撰稿人联系方式	

一、请详细说明项目实施情况,内容包括项目申请书/项目方案中目标执行情况,对服务人群的影响;请包含活动中的基本数据。

二、是否实现了项目计划目标?如果未实现计划目标,请说明理由并解释曾采取或准备采取何种措施来实现计划目标。

三、请详细说明在执行本项目过程中遇到的问题或得到的收获,并说明本项目取得的成就(如有)。

四、说明在项目报告期内发生的重大组织变更(决策机构人员变化、项目负责人等变化)。

五、是否有志愿者参与了本项目?如有,请详细说明参与志愿者人数及他们在本项目中所扮演的角色。

六、如果已就本次资助向公众发出任何公告,请纳入该等新闻剪报、新闻稿等记录(包括自媒体发布)。请提供相关材料和志愿者参与项目的资料和图片(可以附件形式提交)。

诚信声明：

本单位对结项报告中所填写和提交的所有内容的真实性和有效性承担全部责任。本单位在执行本项目过程中遵守法律法规及资助协议的约定，合法合规地执行本项目。

[执行单位]（盖章）

财 务 报 表

序号	类别	预算	实际支出	差额情况	说明
1	项目运营支出				
2	采购费用				
3	资料费用				
4	员工支出				
5	差旅费用				
6	会议费用				
7	志愿者费用				
8	办公用品				
9	宣传费用				
10	审计服务费用				
11	法律服务费用				
……	……				
	合计				

提示 2:以上表格为简化版,基金会应当根据预算表的项目,详细记录项目资金的支出情况。

编号：Ⅷ 《项目资助行为指南》

项目资助行为指南

一、序言

项目的开展和运营是公益事业发展的基石，只有通过开展高质量、具有影响力的公益项目，才能够使得更多公众关注社会公共利益，进而鼓励更多人才投身公益事业。

公众对我们的信任是项目有序开展的前提条件。捐助者、志愿者、社会公众、受助对象支持我们，配合我们开展项目，是因为他们相信我们能够履行自己的使命，能够很好地管理自己的资源，并且严格执行行为准则。

我们在执行项目时，应该坚持最严格的伦理标准。因为执行项目是我们实现自身愿景和使命的途径，是社会公众真正了解我们的窗口，我们执行项目时所采取的态度、所坚持的准则，是对我们自身理念的折射，是社会公众信任我们的理由。

从根本上说，组织由人构成。要赢得社会公众的信任，取决于组织内每一个人，即理事会成员、项目官员、员工和志愿者展示他们对正直、诚实、公平、开放、尊重和责任等核心价值的持续承诺。

每个组织都应有一份属于自己的、独特的、正式的伦理守则，其所有的理事、工作人员和志愿人员都应熟悉并遵守这一守则。这份《项目资助行为指南》为各组织提供了一个起点，以便与自己的团队一起制定自己的守则。

二、执行范围、立场及指导理念

【执行范围】

本组织理事、监事，所有员工，志愿者，与本组织签署短期劳务、服务合同的实习生、顾问、志愿者，供应商，合作伙伴，捐赠方，以及因任何事由通过本机构直接或间接参与项目计划制订、项目筹备、运营、管理、评估等一切相关工作的个人和法人。

【立场】

本组织遵守联合国《世界人权宣言》《儿童权利公约》《残疾人权利公约》《消除对妇女一切形式歧视公约》等一系列我国已签署权利宣言及公约,在项目资助、项目执行的过程中践行该等权利宣言及公约,并将该等宣言和公约的精神作为本组织及本组织工作人员资助、执行项目的价值观指导。

【理念指导】

在项目执行过程中,本组织提倡创建尊重、公平和正直的工作环境。本组织所有工作人员,包括但不限于理事、监事、项目工作人员、专家顾问,在资助项目和执行项目的过程中,应当秉承以下理念:

(1)遵守法律;

(2)追求公共利益;

(3)诚实、守信;

(4)对捐赠人、受益人负责;

(5)对社会公众公开透明、正直守信;

(6)尊重个人的价值和尊严;

(7)尊重多元化和多样性。

上述理念是本行为指南的直接基础,也是我们行为的指南。当我们遭遇无法抉择的时刻,我们应当依据上述理念判断该等行为是否可为,是否应为。这些理念为本组织制定政策、个人选择行为提供了基本的信息和指导。

三、禁止性行为

【禁止歧视】

1. 本组织所有项目资助的决定都不得在考虑民族、种族、宗教或信仰、年龄、性别、性取向、残障与否或基于法律禁止的其他原因的情况下做出。

2. 禁止本组织员工在执行项目过程中向受助者展示或传播带有歧视意味的物品、图书、音乐、视频、卡通书籍等一切制品。

3. 严禁因任何原因(民族、种族、宗教或信仰、年龄、性别、性取向、残障与否或法律禁止的其他原因)歧视或不公平对待任何员工和受益人。员工违反本条,可能导致纪律处分甚至解除劳动关系。

【禁止性骚扰与性侵犯】

1. 性骚扰指不受欢迎的性表示、性要求和其他带有性本质的言语或肢体行为,一般包括:

(1)再三的调戏、性表示或提议;

(2)持续或再三的具有性本质的污言秽语,与性相关的谈论和玩笑,对同事外表以绘画形式或进行损害名誉的评论,或者摆设带性暗示的物品或图画;

(3)任何不受欢迎的肢体接触,像对他人身体轻拍、拧捏或抚摸之类的触摸;

(4)在执行工作任务过程中制造令人恐惧的、不友善的、羞辱性的以及令人生厌的环境。

2. 禁止本机构成员与不满 18 周岁的未成年人发生任何性活动,且不得以错误认识对方的年龄为由进行抗辩。

3. 禁止本机构员工以金钱、就业、物资、性服务(包括性贿赂)作为交换条件或以任何形式实施羞辱、侮辱或剥削行为。上述情形包括受助者自主提出的援助交换。

4. 本机构禁止员工与受助者之间发生性关系。

5. 本机构员工有义务创造和维持一个反性侵、反性骚扰并有利于遵守其行为守则的环境。各级责任人员有义务支持和建立维护前述环境的机制。

【反腐败与反贿赂】

1. "腐败"是指在项目运营过程中,利用职务便利,谋取或意图谋取不正当的个人利益或他人利益。本机构员工在项目运营过程中均应廉洁自律,不得做出下列任何的腐败行为:

(1)以为机构、个人或第三方利益获得任何不正当的机会或其他优势为目的,直接或间接地提出、承诺、给予或授权任何人或其家人、朋友、同事或熟人金钱、回扣或其他任何有价值的物品;

(2)为了机构利益、个人利益或第三方利益,向任何人索取或接受金钱、回扣或任何有价值的物品;

(3)以影响他人行为为目的,作出贿赂、勒索、引诱、财务支付或其他不正当

行为;

(4)接受捐赠方、项目执行方、受益人、供应商、承包方或其他第三方提供的宴请或高消费娱乐活动,或向任何合作伙伴或第三方提供高消费娱乐活动的招待;

(5)作为第三方的中介参与索取、接受、给予金钱或任何有价值的物品或回扣。

除此之外,员工必须运用常识并结合本指南第二条提出的立场及理念判断任何安排是否可能被认为是腐败或不正当的。

2. 本机构成员在项目执行过程中不得以任何形式向政府官员、合作伙伴或第三方提出给付金钱或其他有价值的物品或服务,以达到第三方对项目的履行施加不当影响或获得不当优势之目的。

"有价值的物品"不仅局限于有经济价值的有形物品,也包括任何能为接收人提供好处的物品,比如承诺或潜在的机会。"有价值的物品"包括但不限于现金、礼品卡或储值卡、礼品、餐饮、娱乐、电子产品、计算机、交通费用、旅行和住宿费用、产品或服务折扣、就业、实习、提供未来就业或实习机会、低于市场利率或优于一般市场偿还条件的贷款、变相赌博输钱、对价不合理的股权授予,以及个人恩惠等。

3. 本机构成员接受或提供礼品时,必须以透明且经过批准的方式进行。

四、行为准则

1. 负责任地管理资金

在计划项目预算时及项目执行过程中,本机构应当负责地、谨慎地管理其资金,并将下列事项纳入考量:

(1)合理地花费年度预算,将其用于能实现组织使命的项目中;

(2)行政支出应当能够确保有效的会计制度、内部控制,用于聘用有能力的工作人员和其他对专业管理至关重要的开支;

(3)认识到影响筹款成本的各种因素,有合理的筹款成本;

(4)拥有专项基金的组织应当谨慎地使用专项基金,挑选符合专项基金设立意图的项目,同时支持本组织的公益目的;

(5)组织确保所有支出实践和政策是公平、合理和适当的,以履行组织的使命；

（6）所有项目财务报告都应当真实准确和完整。

2. 公开与披露

本机构向公众、媒体和所有利益相关方提供全面和及时的项目进展信息，并及时响应社会公众提出合理的信息要求。

3. 定期评估

本机构应当定期审查项目的有效性，并建立机制将所学到的经验教训纳入未来的项目中。本机构致力于提高项目和组织本身的有效性，并发展和建立能促进组织从自身实践和所在领域中持续学习的机制。本机构会对其活动领域的变化作出反应，并对其服务对象的需要作出响应。

4. 包容性和多样性

本机构应当指定能够促进包容性的制度，并致力于在机构的工作人员、理事会和志愿者群体中体现多样性，在资助的项目和受益人中体现包容性和多样性，以促进其项目的实效。

本机构采取有意义的行动以促进在其雇用、留任、人员晋升、理事会招募过程中的包容性和多样性。

5. 尊重捐助人

公众或捐助机构筹集资金时，需要在招标材料中说明真实情况。本机构尊重捐助者的隐私，并根据捐助者的意图使用资金。在筹集资金时，机构应尊重捐助者的权利，包括具体如下权利：

（1）了解本组织的任务、资源的使用方式及其为预期目的有效使用捐款的能力；

（2）获得组织最新的财务报告；

（3）确保在法律规定的范围内尊重和保密地处理有关其捐赠的信息；

（4）确保捐赠者和本组织之前无专业关系之外的其他关系；

（5）捐款时可随时提出问题，并得到及时、真实和直接的回答。

6. 资助的指导原则

作为资助方的组织在履行其使命方面需要做到：

（1）组织将在相互尊重和共同目标的基础上与受赠方建立建设性的关系；

(2)组织将与潜在的受赠方进行明确和及时的沟通;

(3)组织将公平和尊重地对待申请资助者和受资助者;

(4)组织将尊重寻求资助者在其知识领域的专业知识;

(5)组织将设法了解和尊重寻求资助的组织的能力与需要;

(6)组织将尊重寻求资助方的使命,不要求对方依照本组织的需求作更改。

五、报告、回应以及处理

1. 本机构设立综合管理委员会,该委员会由本机构员工、理事会成员及监事组成。本机构综合管理委员会成员的建构应当基于本机构性别、民族等人员特点,能够代表本机构人员构成的多样性。

提示:综合管理委员会的构成应当包括本机构各组织机构的成员,这样有利于信息的收集和工作的开展。综合管理委员会的成员应当包括至少50%的女性,如果本机构有不同民族的群体,也因有代表列席综合管理委员会,以求通过不同视角公平、公正地解决问题。

2. 综合管理委员会对本机构成员执行本行为指南的情况进行监督,对本机构成员在项目运营工作中执行本行为守则有监督义务。综合管理委员会受理有关本行为指南的投诉、申诉,并对相关投诉、申诉进行审查。本机构综合管理委员会有权对违反本行为守则的本机构成员做出纪律处分,甚至进行解除劳动合同的处罚,理事会、监事会不得干涉综合管理委员会的工作,并应当尊重综合管理委员会的决定。

3. 各部门配合综合管理委员会开展工作,理事会、监事会或其他本机构成员不得阻碍综合管理委员会开展工作。

4. 综合管理委员会做出的纪律处分决定是终局的。

5. 如果任何员工认为、观察到或相信本人或其他员工做出禁止性行为,或被骚扰、侵犯或遭到歧视的,应通知其直属领导或综合管理部。直属领导或综合管理部收到申诉后,应进行迅速、彻底的调查。如申诉被证实,做出禁止性行为的员工将被视为严重违纪,机构将与其解除劳动合同。

6. 受助者、第三方及社会公众发现本机构员工从事禁止性行为的,本机构鼓励该等第三方向本机构负责人做出书面投诉,将记载相关行为发生时间、地点等要素的书面材料邮寄或电邮给负责人。本机构负责人接到上述书面投诉的，应当在三日内转交综合管理委员会处理。

7.本机构将对投诉材料、受害者与投诉者的身份等予以保密，任何人不得歧视、打击或报复受害者或投诉者。

8.如接到相关人员的投诉，将由综合管理委员会对其情况进行查证，并尽快完成调查工作。经核实后，若投诉所述内容属实，根据行为性质的恶劣程度，本机构将对行为责任人做出相应程度的纪律处分。员工做出禁止性行为的，经查实，本机构可解除劳动合同。

9.综合管理委员会应及时记录有关本机构员工在执行工作过程中存在的禁止性行为的投诉事项，并及时处理行为责任人，涉嫌刑事犯罪的应鼓励并协助当事人向公安部门报案。

10.本机构员工在执行工作过程中有性侵、骚扰、腐败等行为，相关受害者或投诉人可不经内部投诉程序而直接向公安机关报案。

附录　战略规划与资助领域的制定路径

一、如何确定基金会项目的战略规划与资助领域?

(一)确定战略规划和资助领域

确定基金会的项目战略规划,或者说基金会的阶段性目标和资助领域时,主要有两个衡量因素:(1)是否立足于基金会的使命和愿景;(2)战略规划与资助领域是否有以社会需求为出发点,并与基金会现有的资源相匹配。

对于制定战略规划和确定资助领域,一般分为如图 34 所示的四个阶段。

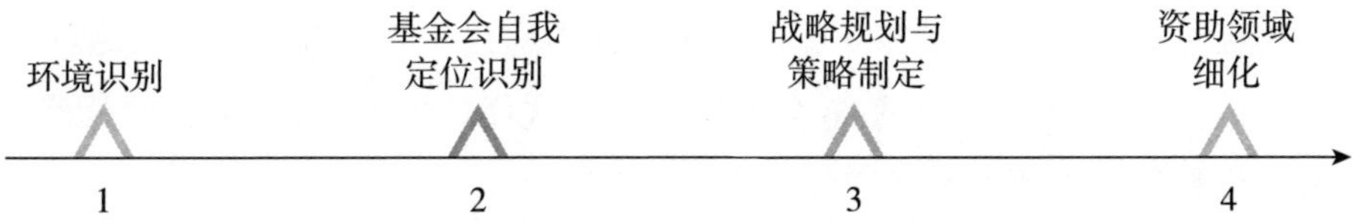

图 34　战略规划的制定

1. 环境识别

环境识别,是指对现在及未来大环境的现状、变化和发展进行分析。识别的因素可以包括:政治因素(比如政府管制、政策关注重点)、经济因素(比如我国经济发展状况、当地居民可支配的收入水平)、社会因素(比如老龄化问题、流动人口问题)等。另外,基金会在分析时有必要考虑基金会可拥有和支配的资源,以及了解有关利益的群体(例如基金会的发起人)的期待与需求。

第一阶段的环境识别是基金会外部调查,了解可能对基金会产生影响的外界因素;第二阶段的基金会自我定位识别是基金会进行内部调查,以对基金会的使命、愿景以及价值观认识清晰。

2. 基金会自我定位识别

基金会自我定位识别,是指基金会调查了解基金会的现有资源和竞争能力，确定基金会的使命、愿景。事实上，一些基金会在设立之前已经确定了基金会的使命、愿景，明确了如何通过实现阶段性目标从而实现基金会的使命，最为典型的例子是北京市银杏公益基金会。北京市银杏公益基金会设立之前是以南都公益基金会的“银杏伙伴成长计划”的形式存在。经过四年的项目运营，在原有的基础上进行了项目战略升级和组织形式转型，成功设立了北京市银杏公益基金会。

3. 制定战略规划并划分出资领域

经过前两个阶段之后，基金会将从机构自身的使命、愿景以及目标出发制定战略规划并划分出资助领域。

（二）战略规划与资助领域的调整

一家基金会从初创机构发展为运作成熟的机构需要经历不同阶段，而每个阶段下的目标和重点可能有所不同，但其使命和愿景在通常情况下是不会改变的。当然，基金会在运作过程中也可能发现其初始的使命和愿景已经实现（虽然这是极少数的情况），或者发现在运作过程中通过不断的环境识别发现了更有意义的使命，从而改变了基金会的愿景。在这样的情况下，基金会的战略规划和资助领域就需要做出相应的调整。

此外，随着基金会自身的发展，社会的发展和环境的变化，基金会的使命和愿景没有改变，但其可能增加或减少资助领域。以环保领域为例，多年前学界对于环保的理念还停留在污染治理，而这些年已经逐渐倾向于生态保护，许多环保组织的重心也从关注污染逐渐走向关注生态。自然之友的云南绿孔雀栖息地保护公益诉讼就是鲜明的例子。

二、资助领域的划分：如何根据基金会自身情况划分资助领域

资助领域划分的核心目的在于提升资源使用的效益性。划分资助领域后，基金会将更了解自身的定位，这样会有意识地集中慈善资源并合理使用于某个资助领域；另外，资助领域划分也便于基金会组成并管理项目团队。

资助领域的划分有多项标准。对于有多项业务的基金会，可以按照基金会的业务范围进行划分。例如，阿里巴巴公益基金会的业务范围为“自然灾害救助、扶贫助残；开展环境保护宣传，支持环保类公益性组织的发展；支持非营利

性组织发展及组织培训、国际交流等活动”，因此，阿里巴巴公益基金会重点资助领域包括：公益创投、公益组织发展、公众参与、弱势群体就业、环境治理、救灾减灾。

但在基金会只有一项主要业务情况下，基金会可以从受益人群、行业等进行划分。北京市银杏公益基金会的业务范围登记为“支持优秀公益人才和组织发展，开展相关研究、培训、交流等活动”，可见，北京市银杏公益基金会的资助领域主要是公益人才培育行业。因此，北京市银杏公益基金会针对不同受益人群划分出三个资助领域：银杏伙伴计划（主要针对草根机构的领导人或创始人）、优才计划（主要针对与机构品牌、筹资等岗位相符的专业人才）和沙砾计划（主要针对青年学生）。

三、如何制定基金会的中长期规划？如何制定基金会的年度规划？

如上文所说，基金会的战略规划事实上是基金会确定需要在哪些领域取得哪些具体的成就，以实现基金会的使命和愿景。基金会的战略规划一般包括基金会的中长期规划、年度规划，该等规划的实现相当于完成了基金会的短期目标，从而使得基金会从长远来看更加靠近它的使命和愿景。与基金会战略规划相同的是，基金会的中长期规划与年度规划不仅包括资助项目的规划，还包括品牌形象建设、内部组织与人力资源变动等。以基金会为例，一般情况下，制定战略会经过如图 35 所示的五个步骤。

图 35　制定战略的步骤

（一）中长期规划的审核

中长期规划一般是三年到五年的规划，从宏观与微观的角度论证中长期规划可行性，既不能限制基金会发展，又确实能为基金会的发展指明方向。中长期规划一般由秘书处/秘书长拟订，经理事长审阅修改后，由理事长提出议案并组织举办理事会。经理事会审议通过后，秘书处/秘书长应当将中长期规划交由工作人员传阅并以一定的方式向公众公开（见图 36）。

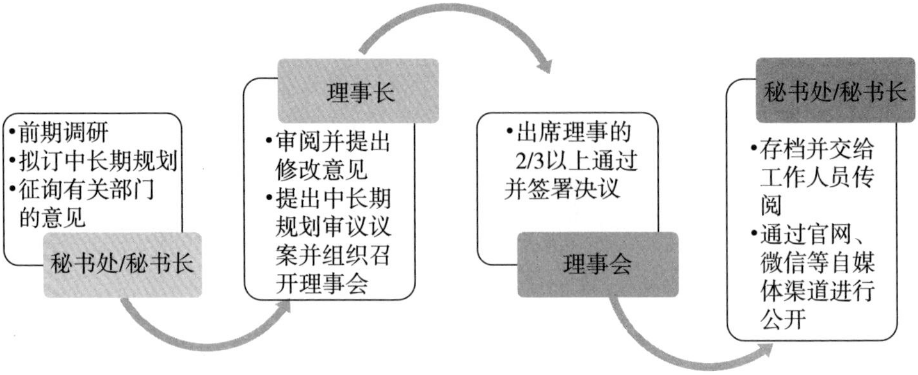

图 36　中长期规划的制定流程

关于中长期规划，最近比较典型的是南都公益基金会公布的阶段性战略（2017—2019 年）（见图 37），明确主要业务为三个板块：（1）行业建设。通过推动政策环境改善与公众意识提升以建设有助于第三部门发育的基础设施，促进公益生态系统良性发展。（2）规模化社会创新。建设并运营中国好公益平台，通过建立多方互动机制、整合各界资源，加速公益产品规模化，高效、精准、大规模地解决社会问题。（3）社会企业。通过和社企论坛深度合作，促进跨界资源流通和合作，推动社会企业理念在全社会的主流化。推动“立业为善”（Business for Good）和共益企业（B Corp）两种模式在中国落地，探索撬动资源解决社会问题的创新路径。

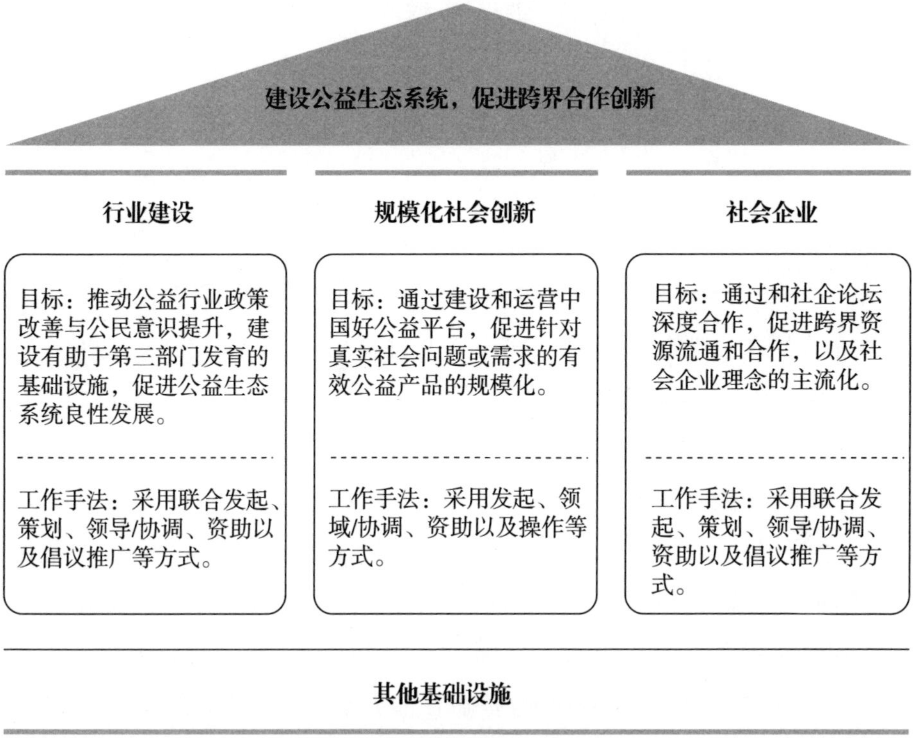

图 37　南都基金会的战略规划〔1〕

(二)年度规划的审核

年度规划是基金会下一年度的目标与工作安排计划。从内容上看,年度规划实则是在中长期规划的基础上更为具体、更具可操作性的方案。年度规划的批准流程也可以参照中长期规划的批准流程。

基金会理事会的职权之一是决定年度收支预算及决算审定,因此应当在年度会议中通过上年的年度工作报告并审核年度预算,以及审核下年的工作计划及预算。讨论并通过年度规划也是基金会的理事会与秘书长/秘书处带领的执行部门进行沟通的方式,让理事会的决策机构与执行机构相统一。

---

〔1〕 本图来源于南都公益资助方官网:http://www. naradafoundation. org/category/33,2018 年 4 月 22 日访问。

后　　记

本书的编撰，缘起于2018年复恩编撰的《基金会资助项目合规手册》。当时，复恩团队在法律研究和实务工作过程中注意到，一些基金会对公益慈善项目的资助活动缺乏合规管理，也往往会忽视资助过程中的一些重要法律风险，例如分不清服务购买与公益捐赠的区别、忽视项目知识产权的归属和保护等。因此，我们希望能通过编写一本手册，帮助基金会从业人员提升法律合规意识，提高公益慈善项目管理的水平。

随着近年来社会公益慈善意识的提升，更多的企业和个人也开始积极参与慈善捐赠，公益慈善项目的资助来源也日趋丰富和多元化。我们认为，有必要在原有《基金会资助项目合规手册》基础上，面向更广泛的受众介绍有关资助的基础法律概念，让公众了解公益慈善项目的合规执行路径。基于这些需求，复恩组织编写了这本《公益慈善项目资助合规手册》。

本书共分为四部分十三章。第一部分“了解概念”，我们从与资助相关的基本概念着手，结合公益实践活动的具体场景阐明了公益慈善项目的基本合规点，同时也介绍了包括慈善信托、捐赠人建议基金（DAF）等新型资助工具；第二部分“夯实基础”，我们从资助项目视角，为基金会内部制度建设提供实务中的最佳实践；第三部分“付诸实践”，我们梳理了项目管理的具体合规细节和操作指引；第四部分“合规工具包”，内容涵盖了各类制度和协议的模板，供各位从业者参考使用。

在本书写作过程中，我们得到了胡增耆、王志云、赵小丹、朱秋霞、唐海燕、杨晔等诸位基金会秘书长的指导和建议。感谢林文漪、方哲、应南琴、蒋雪玮、朱熠凝、林莉、杨惠乔为编写本书所做的工作。最后，感谢曾婕、王若懿、危威、李玉、祝怡、龙沁沁、张海化在本书写作过程中所提供的协助。

我们将继续关注公益慈善领域政策法规的发展和资助的最新研究成果,同时也希望读者向我们反馈意见。本手册的编写是一种初次尝试,内容不当之处也请大家指正,以便我们再版时予以完善。我们的联系邮箱是:office@ forngo. org。

陆　璇

二〇二二年七月